高校思想政治工作专项经费资助

种子花开

雷锋式大学生成长手册

孔祥慧 刘明耀 张金平 黄志丹 赵晓东 主编

中国石化出版社

内 容 提 要

本书以时间为主线，分为12个月，每个月设计了种子培育、种子发芽、种子成长、种子花开、种子优选五步成长模式，让广大学生通过品读雷锋故事、学习雷锋精神、临摹雷锋日记，明确自己的学习目标、职业规划、人生追求，实现德智体美劳全面发展，最终成长为一名合格的社会主义建设者和接班人。

本书是一本培养记录学生成才成长的行动手册，可作为全国高校大学生思想政治教育的工具书，也可作为广大思政课教师教学的参考用书。

图书在版编目（CIP）数据

种子花开：雷锋式大学生成长手册 / 孔祥慧等主编.
— 北京：中国石化出版社，2022.1（2022.3重印）
ISBN 978-7-5114-6543-6

Ⅰ.①种… Ⅱ.①孔… Ⅲ.①大学生-人才成长-手册 Ⅳ.①G645.5-62

中国版本图书馆CIP数据核字（2022）第019377号

中国石化出版社出版发行
地址：北京市东城区安定门外大街58号
邮编：100011 电话：（010）57512500
发行部电话：（010）57512575
http://www.sinopec-press.com
E-mail：press@sinopec.com
北京富泰印刷有限责任公司印刷
全国各地新华书店经销
*
787×1092毫米 16开本 10.5印张 147千字
2022年2月第1版 2022年3月第2次印刷
定价：39.00元

教育部高校思想政治工作中青年骨干队伍建设项目
（教思政司函〔2021〕2号）

编委会

寄　语

党的十八大以来，习近平总书记多次就学习弘扬雷锋精神作出重要指示。特别是2018年9月28日，习近平总书记在视察抚顺市雷锋纪念馆时指出：雷锋是一个时代的楷模，雷锋精神是永恒的。实现中华民族伟大复兴，要不断闯关夺隘，也需要更多的时代楷模。积小善为大善，善莫大焉，这和我们党“为人民服务”“做人民勤务员”是一脉相承的。我们要见贤思齐，把雷锋精神代代传承下去。学习雷锋精神，就要把崇高的理想信念和道德品质追求融入日常的工作生活，在自己岗位上做一颗永不生锈的螺丝钉。

深入贯彻落实习近平总书记关于传承和弘扬雷锋精神的重要讲话和重要指示批示精神，思考如何用雷锋精神立德树人，教育引导广大学生牢记初心使命、坚定理想信念，是作为一名思政课教师应有的政治自觉和神圣的时代使命。这本《种子花开 雷锋式大学生成长手册》，正是想把雷锋精神的种子播撒在广大学生的心中，让雷锋精神的种子发芽、成长、花开。那么新时代如何践行雷锋精神？归纳起来，笔者认为要做好这样几个“人”。

一是做一个懂得感恩的人。“滴水之恩，当涌泉相报”，这是中华民族的传统美德。雷锋不仅感恩党和政府，还感恩所有曾施予他恩泽的人，感恩那些给予自己鼓励的人。只有人人感恩，人人知恩图报，爱才会被激活，才会如冬日暖阳温暖更多的人。

二是做一个勇立潮头的人。雷锋精神的核心价值观是利他。他能够把个人的需要同整个社会的需要有机联系起来，在把握社会大的发展中寻求和确立自己的人生位置，尽最大力量实现自己的人生愿望。当农民、当工人、当解放军，都是雷锋的愿望，而这些愿望又都是和共和国的发展相呼应的。

三是做一个心灵通透的人。雷锋在属于自己的时光中，写下成功的絮语；在流逝的时光里，留下青春闪光的印记。他一点一滴地追逐时光，品味时光，终于在短暂的人生征途上，实现了常人难以完成的跨越，奏响了一曲从平凡走向伟岸的辉煌交响曲。

四是做一个追求卓越的人。雷锋身上承载着对党忠诚的红色基因，攻坚克难、追求卓越的敬业精神让人钦佩，其中所蕴含的信念力量、大爱胸怀、忘我精神、进取锐气，正是我们民族精神追求卓越的最好写照，也一定能为国家振兴发展提供强大的精神动力。

同学们，青春正当时，不负好时代。青年一代有理想、有本领、有担当，国家就有前途，民族就有希望。欣逢盛世，我们应该少一些“事不关己”的冷漠，多一些“匹夫有责”的担当；少一些坐而论道的空谈，多一些脚踏实地的行动；少一些吟风咏月的惆怅，多一些披荆斩棘的勇气。在喧嚣浮躁的社会里保持清醒头脑，在风云激荡的危机中纵横捭阖，在大浪淘沙时势前勇立潮头，趁着壮志犹存、热血尚在，避免浑浑噩噩、价值迷茫，以“不可一日无觉醒”为鞭策，挺直腰背，破浪前行，在新时代的广阔舞台上，成就精彩人生，书写华丽青春篇章。

曲建武

前　言

"我活着，只有一个目的，就是做一个对人民有用的人"。如果有一天你听到有个人对你讲这样的一句话，你会有什么样的感受？你是否会有些许的感动和震撼？你是否会想到一个人——雷锋？

提到雷锋，我们几乎每个人对这个名字耳熟能详。从1963年3月，毛泽东同志向全国人民发出"向雷锋同志学习"的号召开始，雷锋事迹和雷锋精神在中华大地上如一阵清风、一场甘露，影响和鼓舞着一代又一代的华夏儿女，成为了全国人民常学常新的宝贵精神财富，对于世界人类进步事业也产生了广泛而深远的影响。历经半个多世纪的丰富和发展，雷锋精神不断深化、历久弥新，新的时代赋予了雷锋精神更多内涵，激励着我们砥砺前行。

无论时代更迭、岁月变迁，雷锋精神始终具有穿越时空的永恒魅力和无限的感召力，是人类心灵的共同财富和营养之源。为充分发挥雷锋精神育人功能，让当代大学生更好地学习领会雷锋精神的基本内涵，在成长的过程中践行雷锋精神、赓续红色血脉，我们编写了《种子花开 雷锋式大学生成长手册》，这本书将作为一幅地图，以雷锋精神为灯塔，帮助大学生在成长过程中拨开云雾、坚定航向！

《种子花开 雷锋式大学生成长手册》主要以时间为主线，生动形象地解读了雷锋日记当中的深刻内涵和价值追求，并采用学生与书本之间互动交流的形式，充分调动学生的主观能动性，让学生们积极参与到雷锋精神的学习、传承、弘扬中来，在潜移默化中明确自己的学习目标、职业规划、人生追求，是一本记录培养学生成长、成才的行动手册。

该手册设计了种子培育、种子发芽、种子成长、种子花开、种子优选五步成长模式。分别从德智体美劳五育并举的角度学雷锋，做雷锋，创雷锋，使当代大学生成长有目标，行动有计划，工作有任务，结果有反馈，为大学生内心播下学雷锋的种子，经过四年的辛勤培育，发芽、开花、结果，最后成长为一名新时代雷锋式大学生。

在这本书的陪伴中，当代大学生将实现对雷锋精神点点滴滴的践行，通过阅读雷锋故事来启迪智慧；通过践行雷锋精神来提升素养；通过临摹雷锋日记来净化心灵。在学习雷锋精神的潜移默化中令其德育铸魂，智育问道，体育强身，美育化人，劳育励志，成为真正国家所需要的栋梁之才！

本手册由辽宁石油化工大学孔祥慧，辽宁生态工程职业学院刘明耀、张金平，汕尾职业技术学院黄志丹，辽宁石油化工大学赵晓东担任主编，其中孔祥慧、刘明耀负责对全书内容进行统稿，张金平、黄志丹、赵晓东负责该书整体设计以及校对。由辽宁农业职业技术学院尤长军，辽宁生态工程职业学院李文学、曹金凤、张洪嘉、孙威，湖南大学于涵宇担任副主编，其中尤长军负责内容图片设计，李文学、曹金凤、张洪嘉、孙威负责材料收集，于涵宇负责 12 个月文字内容的编写。

由于时间仓促和水平有限，书中难免有疏漏和不足之处，恳请各位读者给予批评指正。

使用说明

亲爱的同学，当你翻开这本《种子花开 雷锋式大学生成长手册》的时候，我们就算正式相识了。首先，你可以扫描下方的二维码，关注新时代雷锋精神种子培育工作室微信公众号，这样你就正式成为了一颗雷锋精神的种子。平常你在学习、生活、工作等方面有任何疑问或困惑，都可以通过公众号“种子花开”栏目与我们交流，我们会有专业的工作团队为你解疑答惑，让你摆脱困境、愉快生活。

在接下来的一年时间里，我们将与你一起学习、共同进步。下面，我们就带你认识了解一下这位“新朋友”。

在正式学习开始之前，我们需要做一个小调查，首先你可以在“大学生自我定位”栏目中，填写相关信息，帮助你认识自己、分析自己、了解自己。然后，你可以制定自己的大学目标、学年目标，为自己的梦想起航确定方向。同时，你也可以为自己寻找一位“战友”，你们可以互相督促、共同成长。不要忘了让你的“战友”也要写下自己的目标哦。最后，你和自己的“战友”郑重签署“战友”誓言，正式的学习之旅就要开始喽。

在接下来的12个月里，每个月你都可以品读到生动感人的雷锋故事。在学习完雷锋故事后，你可以在“故事启发”栏目中写下雷锋故事对你的启发和自己的梦想。接着，你可以分别从德、智、体、美、劳五个方面分别选择自己的活动，记录完成时间和完成情况，并对这次活动进行总结分析。然后，我们进入了“经典临摹”环节，这里摘录了一篇经典的雷锋日记，你可以进行临摹学习，还可以写下自己的体会和感悟哦。到了“丰盛时刻”，你可以在这里系统梳理这一个月以来的努力和收获。当然，未完成目标也要进行自省哦。结束了一个月的学习，你可以邀请“战友”，为自己认证“雷锋精神种子质检报告”，及时了解自己的学习情况和效果。

我们相信，经过一年的不懈努力和认真学习，每一颗种子都会生根、发芽、开花、结果。请记得在本书的结尾，写下自己的成长案例和心得体会，也可以投送到新时代雷锋精神种子培育工作室微信公众号，我们将择优发表，让你的故事激励更多的种子成长进步！

编号：________________

领袖谈学雷锋

雷锋是一个时代的楷模，雷锋精神又是永恒的。它是五千年优秀中华文化和红色革命文化的结合。实现中华民族伟大复兴，要不断闯关夺隘，也需要更多的时代楷模。积小善为大善，善莫大焉，这和我们党“为人民服务”“做人民勤务员”是一脉相承的。我们要见贤思齐，把雷锋精神代代传承下去。

学习雷锋精神，就要把崇高的理想信念和道德品质追求融入日常的工作生活，在自己岗位上做一颗永不生锈的螺丝钉。

——习近平（2018 年 9 月 28 日，视察抚顺市雷锋纪念馆时的讲话）

作为当代大学生的你是否对于自己的人生也有了些许新的启发和觉醒？

为什么说雷锋的哲学思想是从为人民服务的实践中来的？

为什么说为群众办好事比死读哲学书更有意义？

带着这些问题我们是否也要问一下自己的大学生涯：

（1）我为什么要读大学？

（2）我以一个什么样的成果完成大学学业是我满意的？

（3）我当下处在一个什么样的位置？

（4）我该如何到达成长目标？运用哪些途径、方法和资源？

（5）我愿意为此付出什么？

接下来，《种子花开 雷锋式大学生成长手册》和你一起度过今后的大学生活，和你一起见证成长，分享硕果。

大学生自我定位

成为：我是_______________________（学校）最优秀的_______（职位）

愿景：我承诺成为一个____的人。

作为_______，我所具备的资源是__________________________________。

我能支持_______的是____。

我承诺要创造一个什么样的寝室/班级/学生会?

____。

我要为寝室/班级/学生会提供_______次服务，服务的形式和内容是：

种子花开土壤 （你要服务的人）

姓名	生日	电话	家乡	QQ	关系

学习雷锋好榜样

学习雷锋好榜样
忠于革命忠于党
爱憎分明不忘本
立场坚定斗志强
立场坚定斗志强

学习雷锋好榜样
艰苦朴素永不忘
愿做革命的螺丝钉
集体主义思想放光芒
集体主义思想放光芒

学习雷锋好榜样
毛主席的教导记心上
全心全意为人民
共产主义品德多高尚
共产主义品德多高尚

学习雷锋好榜样
毛泽东思想来武装
保卫祖国握紧枪
继续革命当闯将
继续革命当闯将

“战友”誓言

战友

我会负责任于你创造价值

你赢就是我赢

你输就是我输

你迟到就是我迟到

你没有做功课就是我没有做功课

你没有改变就是我没有改变

有你做我的战友，是我的荣幸

有我做你的战友，是你的福气

我会竭尽所能

支持你、挑战你，创造最大的价值

战友签字：

本人签字：

我的大学目标

	完成目标	获得收益	当下位置	所需努力	奖惩措施
学业					
家庭					
同学					
老师					
社会					

◎ 我承诺改变的是：

◎ 当我想放弃时，需要“战友”支持我的是：

◎“战友”签名：

我的学年目标

	完成目标	获得收益	当下位置	所需努力	奖惩措施
学业					
家庭					
同学					
老师					
社会					

◎ 我承诺改变的是：

◎ 当我想放弃时，需要“战友”支持我的是：

◎“战友”签名：

“战友”的大学目标

	完成目标	获得收益	当下位置	所需努力	奖惩措施
学业					
家庭					
同学					
老师					
社会					

◎ 我承诺改变的是：

◎ 当我想放弃时，需要“战友”支持我的是：

◎ “战友”签名：

“战友”的学年目标

	完成目标	获得收益	当下位置	所需努力	奖惩措施
学业					
家庭					
同学					
老师					
社会					

◎ 我承诺改变的是：

◎ 当我想放弃时，需要“战友”支持我的是：

◎“战友”签名：

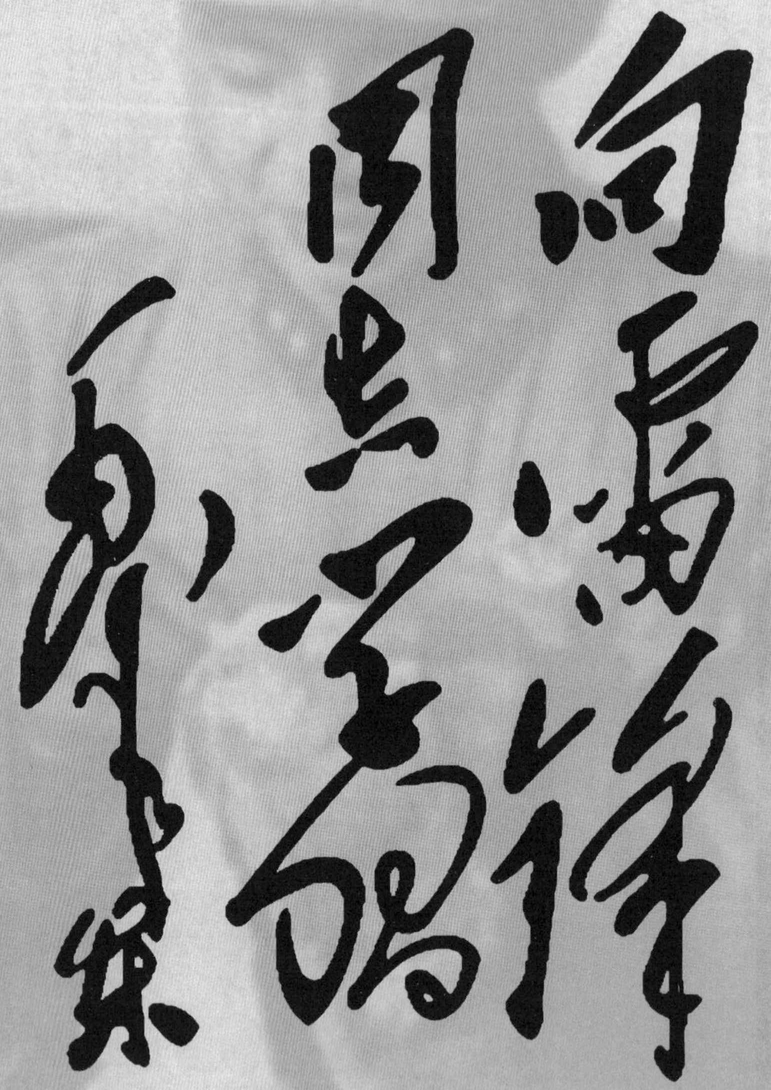
向雷锋同志学习
毛泽东

目录

CONTENTS

德　智

雷锋精神

劳　体

美

学习进行时

一月

大力开展学雷锋活动，使雷锋精神真正深入人心，以此推进社会主义核心价值体系建设，着力提高人民群众思想道德素质。

——习近平（2012 年 3 月 6 日，在全国人大浙江代表团驻地，亲切看望与会代表时的讲话）

爱国主义 | 树立目标 | 社会服务 | 班级荣誉 | 团结同学 | 寝室关系 | 红色足迹 感恩父母 | 时代楷模 | 专业规划 | 学历提升 | 证书获取 | 技能提升 | 知识竞赛 论文发表 | 运动达人 | 健康饮食 | 规律作息 | 体育比赛 | 助人为乐 | 诚实守信 经典拜读 | 国艺熏陶 | 人际交往 | 榜样交流 | 志愿服务 | 感恩行动 | 敬老爱幼 光盘行动 | 社会实践 | 爱岗敬业 | 大国工匠 | 厨房体验 | 顶岗实习 | 就业创业 职场体验 | 吃苦耐劳

一月 种子培育——雷锋故事

三个愿望

1949年8月，长沙解放，雷锋走进了学校，内心充满对新生活的热爱和对党的感激。1950年，时任安庆乡乡长彭德茂送雷锋到龙回塘小学免费就读，他在上学期间品学兼优，并于1954年秋加入中国少年先锋队。1956年，雷锋以优异的成绩从荷叶坝完小毕业，毕业典礼上，雷锋主动发言，立志将来做一个“好农民”“好工人”“好战士”。在此后的六年时间里，雷锋以只争朝夕的精神，一步一个脚印地实现了他人生的三大理想。

好农民，他是望城第一位拖拉机手！《望城报》有一篇雷锋写的文章叫《我学会开拖拉机了》，当然，那个时候他还叫雷正兴。

好工人，他是鞍钢化工总厂洗煤车间的一名推土机手！他在辽宁鞍山工作的一年两个月时间里，三次被评为先进工作者，五次被评为红旗手，18次被评为节约标兵！

好战士，新兵中第一个下到战斗班的合格汽车驾驶员！先后获得了“优秀汽车兵”“文体活动积极分子”“节约标兵”“中国少年先锋队辅导员”等称号，荣立军功二等功一次、三等功两次。

雷锋，他就是一个无时无刻不在践行着自己的诺言，追逐着自己梦想的人。

一月 种子发芽——故事启发

梦想没有大小之分，重点在于坚守自己的梦想而非泛泛而谈！

作为一名当代大学生，我们如何去践行我们的梦想？

第一步 积极思考，写出启发！

第二步 勇于讲出自己的小小梦想！

我的启发 1	
我的梦想 1	
我的启发 2	
我的梦想 2	
我的启发 3	
我的梦想 3	

德育铸魂

种子选项

爱国主义	树立目标	社会服务
班级荣誉	团结同学	寝室关系
红色足迹	感恩父母	时代楷模

一月种子 德育铸魂	雷锋精神　我在行动	完成时间	完成情况
月思考	完成行动对我的意义		
	我是如何践行雷锋精神的		
	我对学校做出的贡献		

一月 种子花开——成长计划

智育问道

种子选项

专业规划	学历提升	证书获取
技能提升	知识竞赛	论文发表

一月种子 智育问道	雷锋精神 我在行动	完成时间	完成情况

月思考		
	完成计划对我的意义	
	我是如何践行雷锋精神的	
	我对学校做出的贡献	

一月

种子花开——成长计划

体育强身

种子选项

运动达人	健康饮食	规律作息
体育比赛		

一月种子 体育强身	雷锋精神　我在行动	完成时间	完成情况

月思考	完成计划对我的意义	
	我是如何践行雷锋精神的	
	我对学校做出的贡献	

种子花开——成长计划

一月

美育化人

种子选项

助人为乐	诚实守信	经典拜读
国艺熏陶	人际交往	榜样交流
志愿服务	感恩行动	尊老爱幼
光盘行动		

一月种子 美育化人	雷锋精神　我在行动	完成时间	完成情况

月思考		
	完成计划对我的意义	
	我是如何践行雷锋精神的	
	我对学校做出的贡献	

一月 种子花开——成长计划

劳育励志

种子选项

社会实践	爱岗敬业	大国工匠
厨房体验	顶岗实习	就业创业
职场体验	吃苦耐劳	

一月种子 劳育励志	雷锋精神　我在行动	完成时间	完成情况

月思考	完成计划对我的意义	
	我是如何践行雷锋精神的	
	我对学校做出的贡献	

雷锋日记（1960年11月8日）

1960年11月8日，是我永远不能忘记的日子。今天，我光荣地加入了伟大的中国共产党，实现了自己最崇高的理想。

……

今天我入了党，使我变得更加坚强，思想和眼界变得更加开阔和远大。我是一个共产党员，人民的勤务员。为了全人类的自由、解放、幸福，哪怕高山、大海、巨川，为了党和人民的事业，就是入火海，进刀山，我甘心情愿，头断骨粉，身红心赤，永远不变。

种子感悟

一月 种子优选——丰盛时刻

激情	承诺	责任	欣赏
在成长中我挖掘了________ __________ __________ 大学愿景	对于我的愿景，我设定了_____ __________ __________ 成长目标	为了实现目标，我制定了_____ __________ __________ 计划策略	对于实现目标，我整合了_____ __________ __________ 潜在资源
付出	**信任**	**共赢**	**感召**
为了实现目标，我采取了_____ __________ __________ 高效行动	为了实现目标，我针对了_____ __________ __________ 有效授权	为了实现目标，我采用了_____ __________ __________ 团队建设	为了实现目标，我与________ __________ __________ 积极沟通

优选沉思

达成自省

未达成自省

一月 雷锋精神种子质检报告

检验项目	检验依据	检验结果		
		优秀	良好	合格
“一颗钉”的学习精神	像雷锋那样“把党的理论当作粮食、武器、方向盘”，如饥似渴地学习			
	像雷锋那样用好“问题－学习－实践－反思”学习公式，做到学思用贯通，知信行合一			
“一团火”的助人精神	像雷锋那样“对待同志春天般的温暖”，帮助同学，服务班级			
	像雷锋那样“关心别人比关心自己为重”，融入真情为他人服务			
“一滴水”的团结精神	像雷锋那样“自己永远是大海中的一滴水”，服从团队，团结他人			
	像雷锋那样“只有把自己和集体事业融合在一起才有力量”，培养集体荣誉感			
“一分钱”的节约精神	像雷锋那样“要节约一分钱、一颗粮、一度电、一滴水”，养成环保节约习惯、共建绿色生态			
	像雷锋那样“对自己很节约，对他人很慷慨”，学会艰苦朴素，勤俭节约			
“一块砖”的敬业精神	像雷锋那样“革命战士一块砖，哪里需要哪里搬”，服从祖国需要，完成工作任务			
	像雷锋那样“干一行，爱一行，精一行，专一行”，立足本职工作，精益求精			
“一辈子”的奉献精神	像雷锋那样“只长着一个心眼，一心向着党”，做到爱自己的国家，爱自己的校园，爱自己的父母			
	像雷锋那样“把有限的生命投入到无限的为人民服务中去”，学会做好事，学会做小事			
检验结论：				
检验员：		检验日期：		

注：“优秀（85分及以上）”“良（70分～84分）”“合格（70分以下）”，检验成果由自己根据分数区间确定具体分数。

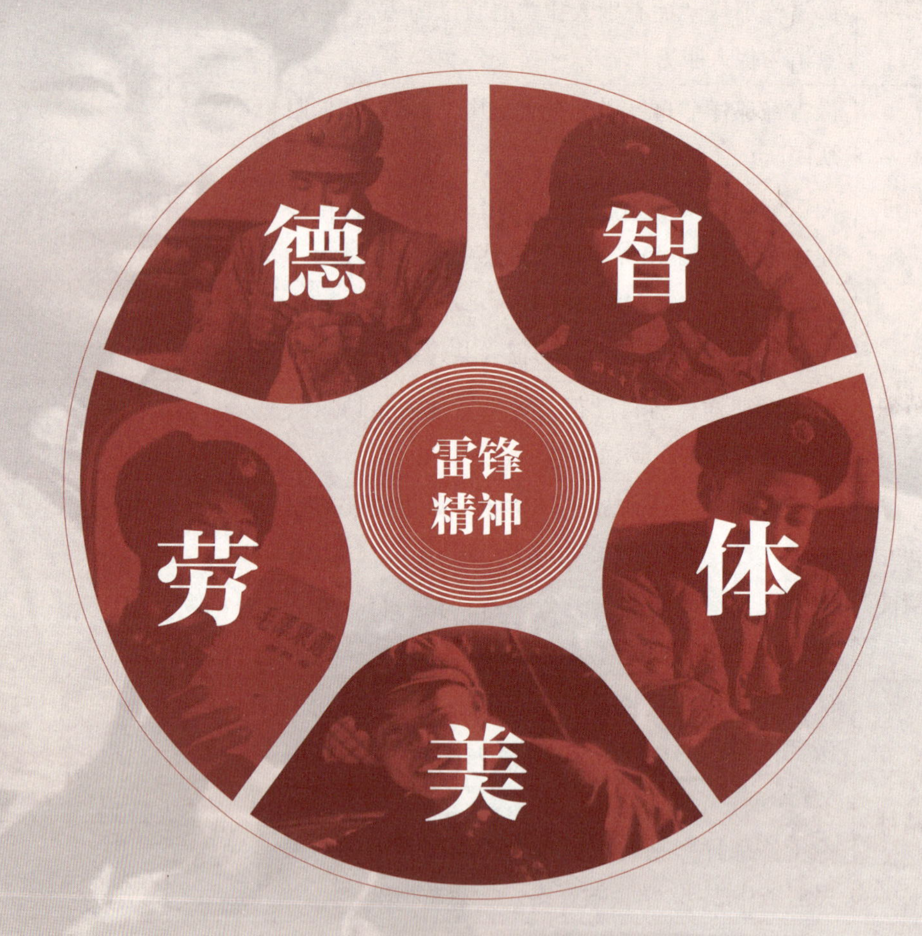

德
智
雷锋
精神
劳
体
美

学习进行时

二月

要大力加强思想道德建设。雷锋、郭明义、罗阳身上所具有的信念的能量、大爱的胸怀、忘我的精神、进取的锐气，正是我们民族精神的最好写照，他们都是我们“民族脊梁”。要充分发挥各方面英模人物的榜样作用，大力激发社会正能量，为实现“中国梦”提供强大精神动力。

——习近平（2013 年 3 月 6 日，在参加第十二届全国人民代表大会第一次会议辽宁代表团审议时的讲话）

二月 种子培育——雷锋故事

好事做了一火车

雷锋出差去参加沈阳部队工程兵军事体育训练队训练，留下了“雷锋出差一千里，好事做了一火车”的佳话。

从抚顺一上火车，他看到列车员很忙，就动手干了起来。擦地板，擦玻璃，收拾小桌子，给旅客倒水，帮助妇女抱孩子，给老年人找座位，接送背大行李包的旅客。这些事情做完了，他又拿出随身带的报纸，给不认识字的旅客读报，宣传党的政策。一直忙到沈阳。

到沈阳车站换车的时候，他发现检票口吵吵嚷嚷围了一群人，近前一看，原来是一个中年妇女没有车票，硬要上车。人越围越多，把路都堵住了。雷锋上前拉过那位大嫂说：“你没有票，怎么硬要上车呢？”

那大嫂急得满头汗地解释说：“同志，我不是没车票，我是从山东老家到吉林看我丈夫的，不知啥时候，把车票和钱都弄丢了。”

雷锋听她说的是真情实话，就说：“别着急，跟我来。”他领着大嫂到售票处，用自己的津贴费补了一张车票，塞到她手里说：“快上车吧，车快开了。”那大嫂说：“同志，你叫什么名字，哪个单位的，我好给你把钱寄去。”雷锋笑道：“我叫解放军，就住在中国。”就转身走了。那位大嫂走上车厢还感动得眼泪汪汪地频频向他招手致意。

二月

种子发芽——故事启发

物质帮助没有大小之分，重点在于去真正地贡献而非自私自利！

作为一名当代大学生，我们如何在物质层面去贡献我们自己？

第一步 积极思考，写出启发！

第二步 列出自己要做的物质层面社会服务！

我的启发 1	
物质层面 社会服务 1	
我的启发 2	
物质层面 社会服务 2	
我的启发 3	
物质层面 社会服务 3	

二月 种子花开——成长计划

德育铸魂

种子选项

爱国主义	树立目标	社会服务
理想信念	班级荣誉	团结同学
寝室关系	红色足迹	感恩父母
时代楷模		

二月种子 德育铸魂	雷锋精神　我在行动	完成时间	完成情况

月思考	完成行动对我的意义	
	我是如何践行雷锋精神的	
	我对学校做出的贡献	

二月 种子花开——成长计划

智育问道

种子选项

专业规划	学历提升	证书获取
技能提升	知识竞赛	论文发表

二月种子 智育问道	雷锋精神　我在行动	完成时间	完成情况

月思考		
月思考	完成计划对我的意义	
	我是如何践行雷锋精神的	
	我对学校做出的贡献	

二月 种子花开——成长计划

体育强身

种子选项

运动达人	健康饮食	规律作息
体育比赛		

二月种子 体育强身	雷锋精神　我在行动	完成时间	完成情况

月思考		
	完成计划对我的意义	
	我是如何践行雷锋精神的	
	我对学校做出的贡献	

种子花开——成长计划

美育化人

种子选项

助人为乐	诚实守信	经典拜读
国艺熏陶	人际交往	榜样交流
志愿服务	感恩行动	尊老爱幼
光盘行动		

二月种子 美育化人	雷锋精神　我在行动	完成时间	完成情况

月思考		
	完成计划对我的意义	
	我是如何践行雷锋精神的	
	我对学校做出的贡献	

二月 种子花开——成长计划

劳育励志

种子选项

社会实践	爱岗敬业	大国工匠
厨房体验	顶岗实习	就业创业
职场体验	吃苦耐劳	

二月种子 劳育励志	雷锋精神　我在行动	完成时间	完成情况

月思考	完成计划对我的意义	
	我是如何践行雷锋精神的	
	我对学校做出的贡献	

雷锋日记（1960年2月15日）

敬爱的毛主席，我看到您写的《纪念白求恩》这篇文章，深受教育，被感动得流下了热泪。

过去有人讽刺我说："你积极有什么用，那么点的小个子，给你150斤重的担子，你就担不起来。"我听了这话，还埋怨自己为啥长这么点小个子呢！

可是，您老人家说："一个人能力有大小，但只要有这点精神，就是一个高尚的人，一个纯粹的人，一个有道德的人，一个脱离了低级趣味的人，一个有益于人民的人。"这话给我很大鼓舞。个子小，我也要尽我自己最大的力量，做到毫不利己，专门利人，向伟大的国际主义战士白求恩学习。

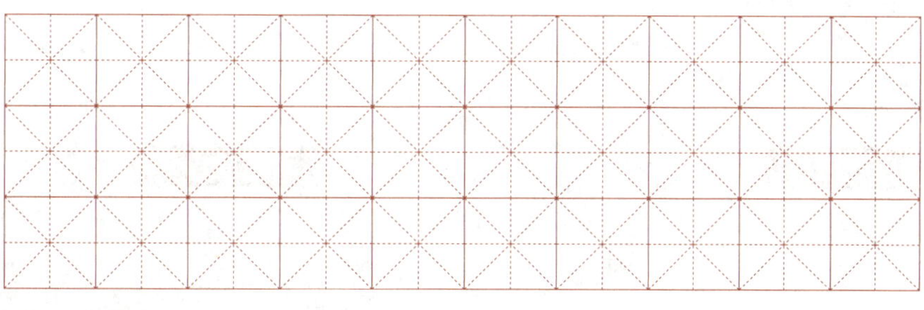

种子感悟

二月 种子优选——丰盛时刻

激情	承诺	责任	欣赏
在成长中我挖掘了______ ______ ______ 大学愿景	对于我的愿景，我设定了______ ______ ______ 成长目标	为了实现目标，我制定了______ ______ ______ 计划策略	对于实现目标，我整合了______ ______ ______ 潜在资源
付出	**信任**	**共赢**	**感召**
为了实现目标，我采取了______ ______ ______ 高效行动	为了实现目标，我针对了______ ______ ______ 有效授权	为了实现目标，我采用了______ ______ ______ 团队建设	为了实现目标，我与______ ______ ______ 积极沟通

优选沉思

达成自省

未达成自省

二月 雷锋精神种子质检报告

检验项目	检验依据	检验结果		
		优秀	良好	合格
"一颗钉"的学习精神	像雷锋那样"把党的理论当作粮食、武器、方向盘"，如饥似渴地学习			
	像雷锋那样用好"问题-学习-实践-反思"学习公式，做到学思用贯通，知信行合一			
"一团火"的助人精神	像雷锋那样"对待同志春天般的温暖"，帮助同学，服务班级			
	像雷锋那样"关心别人比关心自己为重"，融入真情为他人服务			
"一滴水"的团结精神	像雷锋那样"自己永远是大海中的一滴水"，服从团队，团结他人			
	像雷锋那样"只有把自己和集体事业融合在一起才有力量"，培养集体荣誉感			
"一分钱"的节约精神	像雷锋那样"要节约一分钱、一颗粮、一度电、一滴水"，养成环保节约习惯、共建绿色生态			
	像雷锋那样"对自己很节约，对他人很慷慨"，学会艰苦朴素，勤俭节约			
"一块砖"的敬业精神	像雷锋那样"革命战士一块砖，哪里需要哪里搬"，服从祖国需要，完成工作任务			
	像雷锋那样"干一行，爱一行，精一行，专一行"，立足本职工作，精益求精			
"一辈子"的奉献精神	像雷锋那样"只长着一个心眼，一心向着党"，做到爱自己的国家，爱自己的校园，爱自己的父母			
	像雷锋那样"把有限的生命投入到无限的为人民服务中去"，学会做好事，学会做小事			
检验结论：				
检验员：		检验日期：		

注："优秀（85分及以上）""良（70分~84分）""合格（70分以下）"，检验成果由自己根据分数区间确定具体分数。

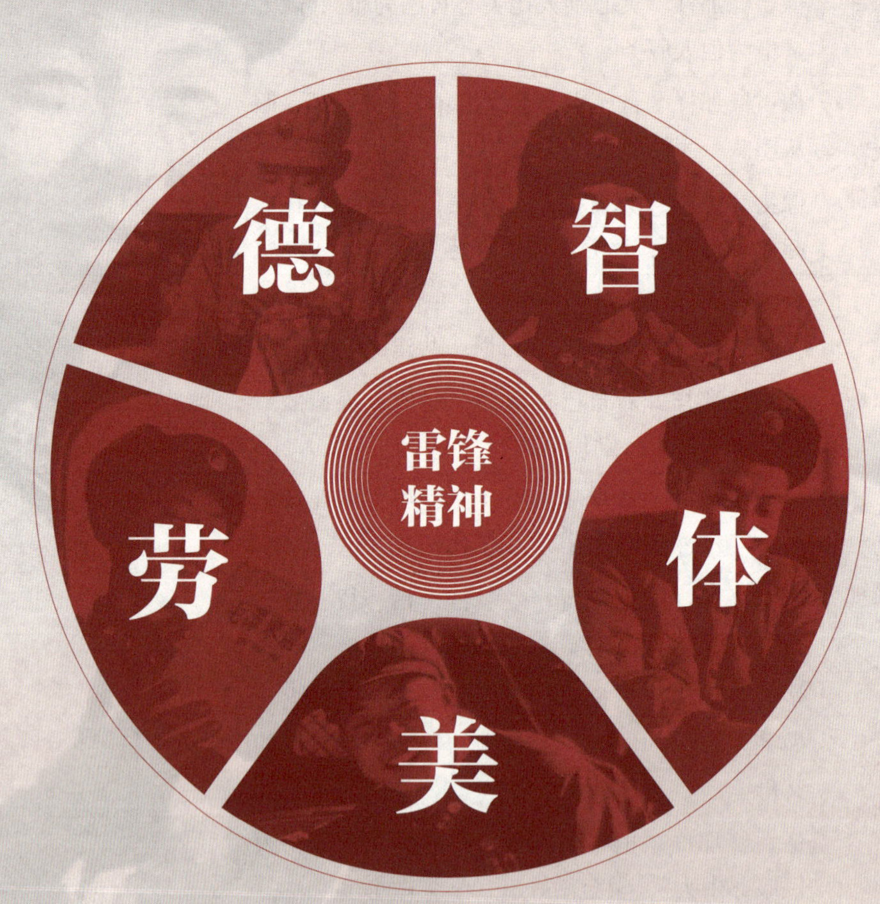
德
智
雷锋
精神
劳
体
美

学习进行时

三月

我们学习雷锋的钻研精神，在抓作风上，也用了这句话，实际上，这是异曲同工的，抓落实也需要一种钻劲，真正兑现、实现，发扬钉子精神。

——习近平（2013 年 3 月 8 日，参加十二届全国人大一次会议江苏代表团审议时的讲话）

红领巾的知心朋友

雷锋藏着两件心爱的东西：一条红领巾，一个大队长臂章。1960年10月间，他担任了抚顺市建设街小学和本溪路小学少先队校外辅导员。他的工作任务很紧张，但他经常利用中午休息时间，或者训练间隙，或者在大风大雨不能出车的时候，跑到学校去，和教师、辅导员、队员们谈心。平日里，他也抓紧一切机会，从报纸上、刊物上搜集革命领袖、革命先烈和革命英雄的故事，记在自己的日记本上，一有工夫就讲给孩子们听。他爱孩子们，孩子们也爱他，把他看成自己最亲密的朋友。

雷锋和孩子们接近多了，他发现有许多孩子本来是很聪明的，可就是调皮惯了，自己约束不住自己，违犯纪律，还影响学习。因此他觉得当辅导员，应该想尽一切办法，把这些孩子领上正路来。

建设路小学六年级有个小马。这孩子聪明伶俐，很活泼，就是调皮得要命，整天打打闹闹不好好听课，个子很大还没戴红领巾。中队委员们气得都不理他了。雷锋知道了这件事，就说服队干部们："小马是你们的同学，大家有责任帮助他。他功课不好，要吸收他参加学习小组，帮助他赶上来，怎么好不理他呢？"中队委员们说："他不听同学们的话，怎么帮助他呀！"雷锋说："不要紧，我们一起想办法。"这以后，雷锋就经常注意接近小马，给他讲故事，跟他谈心，约他到宿舍来玩儿。经过雷锋和老师的教育、少先队的帮助，小马逐渐克服了爱玩爱闹的缺点，学习也进步了。当他第一次佩戴上红领巾，见到雷锋的时候，他紧紧拉住雷锋的双手，激动地说："雷锋叔叔，我加入少年先锋队啦！"

三月 种子发芽——故事启发

精神帮助没有大小之分，重点在于去真正地贡献而非自私自利！

作为一个当代大学生，我们如何在精神层面去贡献我们自己？

第一步 积极思考，写出启发！

第二步 列出自己要做的精神层面社会服务！

我的启发 1	
精神层面 社会服务 1	
我的启发 2	
精神层面 社会服务 2	
我的启发 3	
精神层面 社会服务 3	

三月 种子花开——成长计划

德育铸魂

种子选项

爱国主义	树立目标	社会服务
理想信念	班级荣誉	团结同学
寝室关系	红色足迹	感恩父母
时代楷模		

三月种子 德育铸魂	雷锋精神　我在行动	完成时间	完成情况
月思考	完成行动对我的意义		
	我是如何践行雷锋精神的		
	我对学校做出的贡献		

三月 种子花开——成长计划

智育问道

种子选项

专业规划	学历提升	证书获取
技能提升	知识竞赛	论文发表

三月种子 智育问道	雷锋精神　我在行动	完成时间	完成情况

月思考		
	完成计划对我的意义	
	我是如何践行雷锋精神的	
	我对学校做出的贡献	

三月 种子花开——成长计划

体育强身

种子选项

运动达人	健康饮食	规律作息
体育比赛		

三月种子 体育强身	雷锋精神　我在行动	完成时间	完成情况

月思考		
	完成计划对我的意义	
	我是如何践行雷锋精神的	
	我对学校做出的贡献	

三月

种子花开——成长计划

美育化人

种子选项

助人为乐	诚实守信	经典拜读
国艺熏陶	人际交往	榜样交流
志愿服务	感恩行动	尊老爱幼
光盘行动		

三月种子 美育化人	雷锋精神　我在行动	完成时间	完成情况

月思考		
	完成计划对我的意义	
	我是如何践行雷锋精神的	
	我对学校做出的贡献	

三月 种子花开——成长计划

劳育励志

种子选项

社会实践	爱岗敬业	大国工匠
厨房体验	顶岗实习	就业创业
职场体验	吃苦耐劳	

三月种子 劳育励志	雷锋精神　我在行动	完成时间	完成情况

月思考	完成计划对我的意义	
	我是如何践行雷锋精神的	
	我对学校做出的贡献	

雷锋日记 （1960 年 12 月 8 日）

一个革命者，当他一进入革命的行列的时候，首先要确定坚定不移的革命人生观，树立这样的人生观，就必须注意培养自己的思想道德品质，处处为党的利益，为人民的利益着想，具有大公无私、舍己为人的风格，能够为党的利益、为集体的利益，不惜牺牲自己的利益，否则就是个人主义者……

种子感悟

三月 种子优选——丰盛时刻

激情	承诺	责任	欣赏
在成长中我挖掘了________ ________ ________ 大学愿景	对于我的愿景，我设定了______ ________ ________ 成长目标	为了实现目标，我制定了______ ________ ________ 计划策略	对于实现目标，我整合了______ ________ ________ 潜在资源
付出	**信任**	**共赢**	**感召**
为了实现目标，我采取了______ ________ ________ 高效行动	为了实现目标，我针对了______ ________ ________ 有效授权	为了实现目标，我采用了______ ________ ________ 团队建设	为了实现目标，我与________ ________ ________ 积极沟通

优选沉思

达成自省

未达成自省

三月 雷锋精神种子质检报告

检验项目	检验依据	检验结果		
		优秀	良好	合格
“一颗钉”的学习精神	像雷锋那样“把党的理论当作粮食、武器、方向盘”，如饥似渴地学习			
	像雷锋那样用好“问题－学习－实践－反思”学习公式，做到学思用贯通，知信行合一			
“一团火”的助人精神	像雷锋那样“对待同志春天般的温暖”，帮助同学，服务班级			
	像雷锋那样“关心别人比关心自己为重”，融入真情为他人服务			
“一滴水”的团结精神	像雷锋那样“自己永远是大海中的一滴水”，服从团队，团结他人			
	像雷锋那样“只有把自己和集体事业融合在一起才有力量”，培养集体荣誉感			
“一分钱”的节约精神	像雷锋那样“要节约一分钱、一颗粮、一度电、一滴水”，养成环保节约习惯、共建绿色生态			
	像雷锋那样“对自己很节约，对他人很慷慨”，学会艰苦朴素，勤俭节约			
“一块砖”的敬业精神	像雷锋那样“革命战士一块砖，哪里需要哪里搬”，服从祖国需要，完成工作任务			
	像雷锋那样“干一行，爱一行，精一行，专一行”，立足本职工作，精益求精			
“一辈子”的奉献精神	像雷锋那样“只长着一个心眼，一心向着党”，做到爱自己的国家，爱自己的校园，爱自己的父母			
	像雷锋那样“把有限的生命投入到无限的为人民服务中去”，学会做好事，学会做小事			
检验结论：				
检验员：		检验日期：		

注：“优秀（85分及以上）”“良（70分～84分）”“合格（70分以下）”，检验成果由自己根据分数区间确定具体分数。

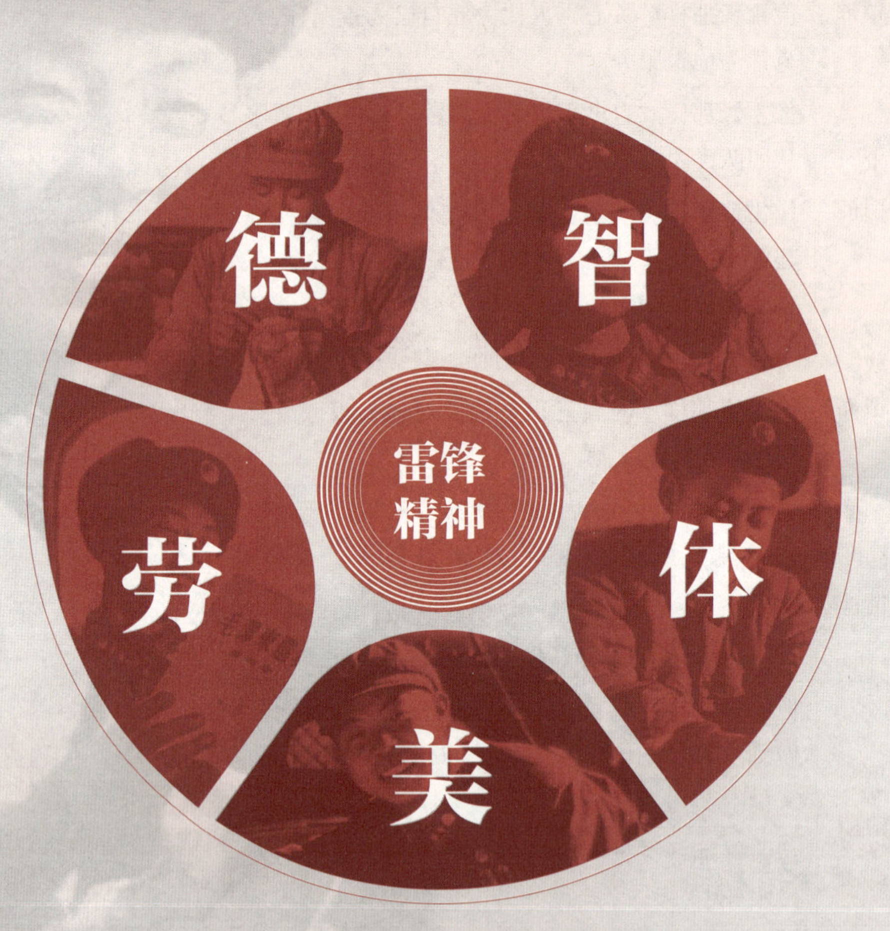
德
智
雷锋
精神
劳
体
美

学习进行时

四月

要倡导社会文明新风，带头学雷锋，积极参加志愿服务，主动承担社会责任，热诚关爱他人，多做扶贫济困、扶弱助残的实事好事，以实际行动促进社会进步。

——习近平（2013 年 5 月 4 日，同各界优秀青年代表座谈时的讲话）

四月 种子培育——雷锋故事

苦练杀敌本领

“为了保卫祖国，苦练杀敌本领。”这是竖立在新兵连操场上一块红色标语牌上写的十二个大字，也是雷锋和新战士们共同的决心。

开始练手榴弹掷远了，雷锋本来个子小，体质比较弱，他拼着全身力气练投弹，怎么投也不及格。雷锋心里十分不安，这可怎么好，一个人不及格，会影响全班训练成绩。更重要的是作为一名解放军战士，连个手榴弹都投不远，还怎么保卫祖国？这天中午，他没休息，抓起教练弹，又跑到操场去了，他暗暗激励自己：达不到要求，决不罢休！

他这样投来投去，一连几天，胳膊投得又肿又疼，不但没有进步，反而越投越近了。急得他觉也睡不好，饭也吃不香。心想：难道我就被这个小小的手榴弹难住了？他找到了剪贴的黄继光相片，他看了又看，感到有一股力量在鼓舞着自己，推动着自己前进。

雷锋是个思想开阔、不怕困难、善于学习的青年战士，他知道自己投弹不远主要原因是臂力不够。为了增强臂力，他不管投多远，只要教练弹一出手，马上就追过去，抓起来再往回投，往回跑，真像一只小老虎，来回奔跑在操场上。

练了投弹，他又去练单杠。杠子高，每上一次杠，都要使好大的冲劲。他咬着牙，反复引体向上，锻炼臂力。“一下、两下、三下……”直到双手再也抓不住杠子了，他才肯休息一下。

十几天过去了。雷锋没有白练，终于超过了及格标准。

连首长和同志们都向他祝贺。雷锋心里乐滋滋的，他心里感到一个新战士经过苦练获得优异成绩的愉快。更加深刻地体会到做一个革命战士的幸福；体验到了经过苦练以后获得成功的幸福。但是，他也知道，在保卫祖国的征途上，这仅仅是迈出了微小的第一步。

四月

种子发芽——故事启发

多少事，从来急，天地转，光阴迫，一万年太久，只争朝夕。

作为一名当代大学生，我们如何在大学期间自我奋斗？

第一步 积极思考，写出启发！

第二步 写出自己的奋斗目标！

我的启发 1	
奋斗目标 1	
我的启发 2	
奋斗目标 2	
我的启发 3	
奋斗目标 3	

四月 种子花开——成长计划

德育铸魂

种子选项

爱国主义	树立目标	社会服务
理想信念	班级荣誉	团结同学
寝室关系	红色足迹	感恩父母
时代楷模		

四月种子 德育铸魂	雷锋精神　我在行动	完成时间	完成情况

月思考	完成行动对我的意义	
	我是如何践行雷锋精神的	
	我对学校做出的贡献	

智育问道

种子选项

专业规划	学历提升	证书获取
技能提升	知识竞赛	论文发表

四月种子 智育问道	雷锋精神　我在行动	完成时间	完成情况

月思考		
	完成计划对我的意义	
	我是如何践行雷锋精神的	
	我对学校做出的贡献	

四月 种子花开——成长计划

体育强身

种子选项

运动达人	健康饮食	规律作息
体育比赛		

四月种子 体育强身	雷锋精神　我在行动	完成时间	完成情况

月思考	完成计划对我的意义	
	我是如何践行雷锋精神的	
	我对学校做出的贡献	

美育化人

种子选项

助人为乐	诚实守信	经典拜读
国艺熏陶	人际交往	榜样交流
志愿服务	感恩行动	尊老爱幼
光盘行动		

四月种子 美育化人	雷锋精神　我在行动	完成时间	完成情况
月思考	完成计划对我的意义		
	我是如何践行雷锋精神的		
	我对学校做出的贡献		

四月 种子花开——成长计划

劳育励志

种子选项

社会实践	爱岗敬业	大国工匠
厨房体验	顶岗实习	就业创业
职场体验	吃苦耐劳	

四月种子 劳育励志	雷锋精神　我在行动	完成时间	完成情况

月思考		
	完成计划对我的意义	
	我是如何践行雷锋精神的	
	我对学校做出的贡献	

雷锋日记 （1959年8月26日）

自从由鞍山转到弓长岭以来，自己就抱定决心：一定要很好地工作、学习，争取加入中国共产党。对各种学习任务都能认真完成；自学较好，每天早上学习一小时，晚上总是要自学到深夜十至十一点钟。早上坚持做早操，没有违犯过纪律，都能按规定动作去做……

今后，我应当继续加强组织纪律性，向违法乱纪做斗争，严守纪律，听从指挥，做好机器检查和保养，保证安全，消灭事故。努力学习政治，开展思想斗争和批评与自我批评，加强团结，虚心学习。

种子感悟

四月 种子优选——丰盛时刻

激情	承诺	责任	欣赏
在成长中我挖掘了________ ________ ________ 大学愿景	对于我的愿景，我设定了________ ________ ________ 成长目标	为了实现目标，我制定了________ ________ ________ 计划策略	对于实现目标，我整合了________ ________ ________ 潜在资源
付出	**信任**	**共赢**	**感召**
为了实现目标，我采取了________ ________ ________ 高效行动	为了实现目标，我针对了________ ________ ________ 有效授权	为了实现目标，我采用了________ ________ ________ 团队建设	为了实现目标，我与________ ________ ________ 积极沟通

优选沉思

达成自省

未达成自省

四月 雷锋精神种子质检报告

检验项目	检验依据	检验结果		
		优秀	良好	合格
"一颗钉"的学习精神	像雷锋那样"把党的理论当作粮食、武器、方向盘"，如饥似渴地学习			
	像雷锋那样用好"问题-学习-实践-反思"学习公式，做到学思用贯通，知信行合一			
"一团火"的助人精神	像雷锋那样"对待同志春天般的温暖"，帮助同学，服务班级			
	像雷锋那样"关心别人比关心自己为重"，融入真情为他人服务			
"一滴水"的团结精神	像雷锋那样"自己永远是大海中的一滴水"，服从团队，团结他人			
	像雷锋那样"只有把自己和集体事业融合在一起才有力量"，培养集体荣誉感			
"一分钱"的节约精神	像雷锋那样"要节约一分钱、一颗粮、一度电、一滴水"，养成环保节约习惯、共建绿色生态			
	像雷锋那样"对自己很节约，对他人很慷慨"，学会艰苦朴素，勤俭节约			
"一块砖"的敬业精神	像雷锋那样"革命战士一块砖，哪里需要哪里搬"，服从祖国需要，完成工作任务			
	像雷锋那样"干一行，爱一行，精一行，专一行"，立足本职工作，精益求精			
"一辈子"的奉献精神	像雷锋那样"只长着一个心眼，一心向着党"，做到爱自己的国家，爱自己的校园，爱自己的父母			
	像雷锋那样"把有限的生命投入到无限的为人民服务中去"，学会做好事，学会做小事			
检验结论：				
检验员：		检验日期：		

注："优秀（85分及以上）""良（70分～84分）""合格（70分以下）"，检验成果由自己根据分数区间确定具体分数。

德

智

雷锋
精神

劳

体

美

学习进行时

五月

崇高信仰、坚定信念不是高不可攀的，雷锋、焦裕禄、杨善洲等就是鲜活的例子。他们一辈子为党和人民奋斗，没有崇高信仰、坚定信念是做不到的。

——习近平（2013 年 8 月 19 日，在全国宣传思想工作会议上的讲话）

五月 种子培育——雷锋故事

好学的雷锋

有一天，雷锋到工人俱乐部看电影，离开演还有十几分钟，他便拿出随身携带的《毛泽东选集》认真地读起来。一位姓贾的小同学看见解放军叔叔正在聚精会神地看书，便往前凑了凑，想探个究竟，一看，原来是学校的辅导员雷锋，他惊喜地说："雷锋叔叔，这么一点儿时间，你还看书啊？"雷锋回过头来说："时间短吗？我已经看了三四页了。看一页是一页，积少成多嘛。学习不抓紧时间怎么能行？"

生活中如此，工作中雷锋更是善于抓住空隙，如饥似渴地学习知识。他把书装在挎包里，休息的时候，只要没有其他工作，他就坐下来看书。每天晚上，他除了参加连里的日常活动外，总要挤出一些时间来读书，有时熄灯号响了，他还舍不得放下手里的书，但又怕影响同志们休息，只好离开宿舍另外找别的地方去读。车场、工具棚、厨房、司务长宿舍都成了他夜间看书学习的好地方。正是由于这种"挤劲"，雷锋读的书越来越多，知识也越来越丰富。

据不完全统计，他短暂的一生，光学习心得笔记就写了9本近20万字。翻开他读过的《毛泽东选集》，几乎每一篇每一页都画了一些学习重点，边边角角上都写着一些阅读心得。

五月 种子发芽——故事启发

学习的敌人是自己的满足，要认真学习一点东西，必须从不自满开始。

作为一名当代大学生，我们如何在大学期间充分利用时间学习成长？

第一步 积极思考，写出启发！

第二步 列出自己要学习的专业学科的目标！

我的启发 1	
专业学科 1	
我的启发 2	
专业学科 2	
我的启发 3	
专业学科 3	

五月 种子花开——成长计划

德育铸魂

种子选项

爱国主义	树立目标	社会服务
理想信念	班级荣誉	团结同学
寝室关系	红色足迹	感恩父母
时代楷模		

五月种子 德育铸魂	雷锋精神　我在行动	完成时间	完成情况

月思考	完成行动对我的意义	
	我是如何践行雷锋精神的	
	我对学校做出的贡献	

智育问道

种子选项

专业规划	学历提升	证书获取
技能提升	知识竞赛	论文发表

五月种子 智育问道	雷锋精神　我在行动	完成时间	完成情况

月思考		
月思考	完成计划对我的意义	
	我是如何践行雷锋精神的	
	我对学校做出的贡献	

五月 种子花开——成长计划

体育强身

种子选项

运动达人	健康饮食	规律作息
体育比赛		

五月种子 体育强身	雷锋精神　我在行动	完成时间	完成情况

月思考	完成计划对我的意义	
	我是如何践行雷锋精神的	
	我对学校做出的贡献	

五月

种子花开——成长计划

美育化人

种子选项

助人为乐	诚实守信	经典拜读
国艺熏陶	人际交往	榜样交流
志愿服务	感恩行动	尊老爱幼
光盘行动		

五月种子 美育化人	雷锋精神　我在行动	完成时间	完成情况

月思考		
	完成计划对我的意义	
	我是如何践行雷锋精神的	
	我对学校做出的贡献	

五月 种子花开——成长计划

劳育励志

种子选项

社会实践	爱岗敬业	大国工匠
厨房体验	顶岗实习	就业创业
职场体验	吃苦耐劳	

五月种子 劳育励志	雷锋精神　我在行动	完成时间	完成情况

月思考		
	完成计划对我的意义	
	我是如何践行雷锋精神的	
	我对学校做出的贡献	

雷锋日记 （1960年12月27日）

“……不怕饥饿，不怕寒冷，不怕危险，不怕困难。屈辱，痛苦，一切难于忍受的生活，我都能忍受下去！这些都不能丝毫动摇我的决心，相反的，是更加磨炼我的意志！我能舍弃一切，但是不能舍弃党，舍弃阶级，舍弃革命事业。”……我出生在一个很贫困的农民家庭，在旧社会受尽了折磨和痛苦，在慈祥的母亲中国共产党的不断哺育和教导下，居然成为一个国防军战士、光荣的共产党员。我要时刻准备着为党和阶级的最高利益，牺牲个人的一切，直至生命。

种子感悟

五月 种子优选——丰盛时刻

激情	承诺	责任	欣赏
在成长中我挖掘了______ ______ ______	对于我的愿景，我设定了______ ______ ______	为了实现目标，我制定了______ ______ ______	对于实现目标，我整合了______ ______ ______
大学愿景	成长目标	计划策略	潜在资源
付出	**信任**	**共赢**	**感召**
为了实现目标，我采取了______ ______ ______	为了实现目标，我针对了______ ______ ______	为了实现目标，我采用了______ ______ ______	为了实现目标，我与______ ______ ______
高效行动	有效授权	团队建设	积极沟通

优选沉思

达成自省

未达成自省

五月 雷锋精神种子质检报告

<table>
<tr><th rowspan="2">检验项目</th><th rowspan="2">检验依据</th><th colspan="3">检验结果</th></tr>
<tr><th>优秀</th><th>良好</th><th>合格</th></tr>
<tr><td rowspan="2">“一颗钉”的学习精神</td><td>像雷锋那样“把党的理论当作粮食、武器、方向盘”，如饥似渴地学习</td><td></td><td></td><td></td></tr>
<tr><td>像雷锋那样用好“问题－学习－实践－反思”学习公式，做到学思用贯通，知信行合一</td><td></td><td></td><td></td></tr>
<tr><td rowspan="2">“一团火”的助人精神</td><td>像雷锋那样“对待同志春天般的温暖”，帮助同学，服务班级</td><td></td><td></td><td></td></tr>
<tr><td>像雷锋那样“关心别人比关心自己为重”，融入真情为他人服务</td><td></td><td></td><td></td></tr>
<tr><td rowspan="2">“一滴水”的团结精神</td><td>像雷锋那样“自己永远是大海中的一滴水”，服从团队，团结他人</td><td></td><td></td><td></td></tr>
<tr><td>像雷锋那样“只有把自己和集体事业融合在一起才有力量”，培养集体荣誉感</td><td></td><td></td><td></td></tr>
<tr><td rowspan="2">“一分钱”的节约精神</td><td>像雷锋那样“要节约一分钱、一颗粮、一度电、一滴水”，养成环保节约习惯、共建绿色生态</td><td></td><td></td><td></td></tr>
<tr><td>像雷锋那样“对自己很节约，对他人很慷慨”，学会艰苦朴素，勤俭节约</td><td></td><td></td><td></td></tr>
<tr><td rowspan="2">“一块砖”的敬业精神</td><td>像雷锋那样“革命战士一块砖，哪里需要哪里搬”，服从祖国需要，完成工作任务</td><td></td><td></td><td></td></tr>
<tr><td>像雷锋那样“干一行，爱一行，精一行，专一行”，立足本职工作，精益求精</td><td></td><td></td><td></td></tr>
<tr><td rowspan="2">“一辈子”的奉献精神</td><td>像雷锋那样“只长着一个心眼，一心向着党”，做到爱自己的国家，爱自己的校园，爱自己的父母</td><td></td><td></td><td></td></tr>
<tr><td>像雷锋那样“把有限的生命投入到无限的为人民服务中去”，学会做好事，学会做小事</td><td></td><td></td><td></td></tr>
<tr><td colspan="5">检验结论：</td></tr>
<tr><td colspan="2">检验员：</td><td colspan="3">检验日期：</td></tr>
</table>

注：“优秀（85分及以上）”“良（70分～84分）”“合格（70分以下）”，检验成果由自己根据分数区间确定具体分数。

德
智
体
美
劳
雷锋
精神

学习进行时

六月

雷锋精神，人人可学；奉献爱心，处处可为。积小善为大善，善莫大焉。当有人需要帮助时，大家搭把手、出份力，社会将变得更加美好。我国工人阶级应该为全社会学雷锋、树新风做出榜样，让学习雷锋在祖国大地上蔚然成风。希望你们努力践行社会主义核心价值观，积极向上向善，从“赠人玫瑰，手有余香”中，感受善的力量，以实际行动书写新时代的雷锋故事，为实现中国梦有一分热发一分光。

——习近平（2014 年 3 月 5 日，给“郭明义爱心团队”的回信）

六月 种子培育——雷锋故事

PK“耗油大王”的汽车兵

1960年3月新兵下连后，雷锋被分配到了运输连。5月，运输连决定把雷锋从新兵排调到二排四班。

在分配汽车时，班上战友都不愿意驾驶这辆苏制“嘎斯51”型卡车，因为这辆“老家伙”是抗美援朝时期苏联卖给中国的，它上过朝鲜战场，到1960年已经快有十年历史了，机件磨损严重，是全连有名的“耗油大王”，战友们都对它敬而远之。

但是雷锋却主动向连里申请驾驶这辆车，他决心要和这个“耗油大王”过过招。在驾驶中，雷锋除了对汽车进行精心保养外，他还一个个地排查耗油多的“病因”。

同时，他还摸索出一套节油窍门，最终“耗油大王”被雷锋制服了，这辆车也成为了全连的“节油标兵车”。

六月

种子发芽——故事启发

敌人有的，我们要有；敌人没有的，我们也要有，原子弹要有，氢弹也要快。管他什么国，管他什么弹，原子弹、氢弹，我们都要超过。

作为一名当代大学生，我们如何在大学期间挑战自己？

第一步 积极思考，写出启发！

第二步 列出自己要自我挑战的目标！

我的启发 1	
自我挑战 1	
我的启发 2	
自我挑战 2	
我的启发 3	
自我挑战 3	

六月 种子花开——成长计划

德育铸魂

种子选项

爱国主义	树立目标	社会服务
理想信念	班级荣誉	团结同学
寝室关系	红色足迹	感恩父母
时代楷模		

六月种子 德育铸魂	雷锋精神　我在行动	完成时间	完成情况

月思考		
	完成行动对我的意义	
	我是如何践行雷锋精神的	
	我对学校做出的贡献	

六月

种子花开——成长计划

智育问道

种子选项

专业规划	学历提升	证书获取
技能提升	知识竞赛	论文发表

六月种子 智育问道	雷锋精神　我在行动	完成时间	完成情况

月思考	完成计划对我的意义	
	我是如何践行雷锋精神的	
	我对学校做出的贡献	

六月 种子花开——成长计划

体育强身

种子选项

运动达人	健康饮食	规律作息
体育比赛		

六月种子 体育强身	雷锋精神　我在行动	完成时间	完成情况

月思考		
	完成计划对我的意义	
	我是如何践行雷锋精神的	
	我对学校做出的贡献	

六月 种子花开——成长计划

美育化人

种子选项

助人为乐	诚实守信	经典拜读
国艺熏陶	人际交往	榜样交流
志愿服务	感恩行动	尊老爱幼
光盘行动		

六月种子 美育化人	雷锋精神　我在行动	完成时间	完成情况

月思考	完成计划对我的意义	
	我是如何践行雷锋精神的	
	我对学校做出的贡献	

六月 种子花开——成长计划

劳育励志

种子选项

社会实践	爱岗敬业	大国工匠
厨房体验	顶岗实习	就业创业
职场体验	吃苦耐劳	

六月种子 劳育励志	雷锋精神　我在行动	完成时间	完成情况

月思考	
完成计划对我的意义	
我是如何践行雷锋精神的	
我对学校做出的贡献	

雷锋日记 （1961年10月19日）

有人说工作忙，没时间学习。我认为问题不在工作忙，而在于你愿不愿意学习，会不会挤时间。

要学习的时间是有的，问题是我们善不善于挤，愿不愿意钻。

一块好好的木板，上面一个眼也没有，但钉子为什么能钉进去呢？这就是靠压力硬挤进去的，硬钻进去的。

由此看来，钉子有两个长处，一个是挤劲，一个是钻劲，我们在学习上也要提倡这种“钉子”精神，善于挤和善于钻。

种子感悟

六月 种子优选——丰盛时刻

激情	承诺	责任	欣赏
在成长中我挖掘了________________________	对于我的愿景，我设定了________________________	为了实现目标，我制定了________________________	对于实现目标，我整合了________________________
大学愿景	成长目标	计划策略	潜在资源
付出	**信任**	**共赢**	**感召**
为了实现目标，我采取了________________________	为了实现目标，我针对了________________________	为了实现目标，我采用了________________________	为了实现目标，我与________________________
高效行动	有效授权	团队建设	积极沟通

优选沉思

达成自省

未达成自省

六月 雷锋精神种子质检报告

检验项目	检验依据	检验结果		
		优秀	良好	合格
“一颗钉”的学习精神	像雷锋那样“把党的理论当作粮食、武器、方向盘”，如饥似渴地学习			
	像雷锋那样用好“问题－学习－实践－反思”学习公式，做到学思用贯通，知信行合一			
“一团火”的助人精神	像雷锋那样“对待同志春天般的温暖”，帮助同学，服务班级			
	像雷锋那样“关心别人比关心自己为重”，融入真情为他人服务			
“一滴水”的团结精神	像雷锋那样“自己永远是大海中的一滴水”，服从团队，团结他人			
	像雷锋那样“只有把自己和集体事业融合在一起才有力量”，培养集体荣誉感			
“一分钱”的节约精神	像雷锋那样“要节约一分钱、一颗粮、一度电、一滴水”，养成环保节约习惯、共建绿色生态			
	像雷锋那样“对自己很节约，对他人很慷慨”，学会艰苦朴素，勤俭节约			
“一块砖”的敬业精神	像雷锋那样“革命战士一块砖，哪里需要哪里搬”，服从祖国需要，完成工作任务			
	像雷锋那样“干一行，爱一行，精一行，专一行”，立足本职工作，精益求精			
“一辈子”的奉献精神	像雷锋那样“只长着一个心眼，一心向着党”，做到爱自己的国家，爱自己的校园，爱自己的父母			
	像雷锋那样“把有限的生命投入到无限的为人民服务中去”，学会做好事，学会做小事			
检验结论：				
检验员：		检验日期：		

注：“优秀（85分及以上）”“良（70分～84分）”“合格（70分以下）”，检验成果由自己根据分数区间确定具体分数。

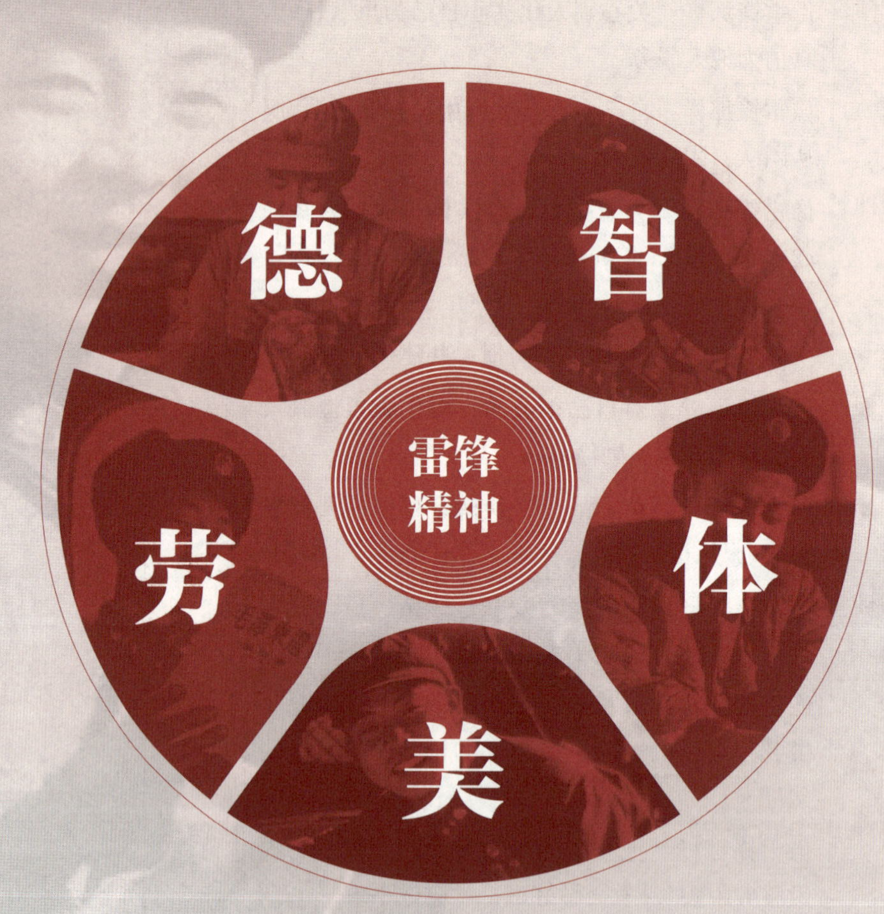
德
智
雷锋
精神
劳
体
美

学习进行时

七月

雷锋精神是永恒的，是社会主义核心价值观的生动体现。我们要做雷锋精神的种子，把雷锋精神广播在祖国大地上。

——习近平（2014 年 3 月 11 日，出席十二届全国人大二次会议解放军代表团全体会议，亲切接见部分基层代表）

抗洪抢险冲锋向前

1960年8月，辽宁抚顺地区连降暴雨，山洪暴发，河水上涨。洪水淹没了庄稼，淹没了公路，淹没了洼地房屋，人民生命财产安全受到了严重威胁。

8月3日，上级命令雷锋所在的运输连，到抚顺郊外上寺水库参加抗洪抢险。当时雷锋肠炎犯了，正在拉肚子，前些天救火时手上的伤也没有好利落。连长在分配任务时，考虑到雷锋身体虚弱，决定让他留在营地值班。可是雷锋却说："现在正是国家需要我的时候，这点病痛算不了什么！"在雷锋的坚决请求下，连队终于答应了他的请求。

他随部队来到了直接威胁煤都安全的上寺水库参加抗洪抢险。刚到水库，雷锋他们就看到，夜幕中雷鸣电闪，大雨滂沱，洪水咆哮翻滚，很快就要漫过大堤。情况万分紧急，抗洪队伍的任务是连夜开挖溢洪道。在挖掘的过程中，雷锋完全忘了自己的病痛，和战友们一起趟着过膝的泥水，挥舞铁锹奋战在暴风雨中。突然，"哗"的一声响，坝上一大片黏土被暴雨冲了下来，砸了雷锋一身，他手中铁锹被打掉了。

雨大天黑，雷锋没有找到铁锹，他就用双手继续挖掘。一气干了很长时间，雷锋才觉得手指阵阵作痛，他那带着烧伤的手指被磨破了，渗出了滴滴鲜血。战友催促他赶快去找卫生员包扎，雷锋却说这点轻伤怎能下火线！天快亮的时候，雷锋昏倒了，被送下去休息，但雷锋只休息了一个上午，就又跑来工地。

经过七天七夜连续奋战，咆哮的洪水终于被驯服了。雷锋在这场抗洪抢险中所表现的那种不避艰险、不怕困难，为了人民利益奋不顾身的革命精神，受到战友们的热烈赞扬，部队为他记了二等功一次。

种子发芽——故事启发

下定决心，不怕牺牲，排除万难，去争取胜利。

作为一名当代大学生，我们如何在大学期间培养自己的意志力？

第一步 积极思考，写下启发！

第二步 列出自己要培养意志力的目标！

我的启发 1	
意志力培养 1	
我的启发 2	
意志力培养 2	
我的启发 3	
意志力培养 3	

七月 种子花开——成长计划

德育铸魂

种子选项

爱国主义	树立目标	社会服务
理想信念	班级荣誉	团结同学
寝室关系	红色足迹	感恩父母
时代楷模		

七月种子 德育铸魂	雷锋精神　我在行动	完成时间	完成情况

月思考		
	完成行动对我的意义	
	我是如何践行雷锋精神的	
	我对学校做出的贡献	

种子花开——成长计划

智育问道

种子选项

专业规划	学历提升	证书获取
技能提升	知识竞赛	论文发表

七月种子 智育问道	雷锋精神　我在行动	完成时间	完成情况

月思考	完成计划对我的意义	
	我是如何践行雷锋精神的	
	我对学校做出的贡献	

七月 种子花开——成长计划

体育强身

种子选项

运动达人	健康饮食	规律作息
体育比赛		

七月种子 体育强身	雷锋精神　我在行动	完成时间	完成情况

月思考		
	完成计划对我的意义	
	我是如何践行雷锋精神的	
	我对学校做出的贡献	

种子花开——成长计划

美育化人

种子选项

助人为乐	诚实守信	经典拜读
国艺熏陶	人际交往	榜样交流
志愿服务	感恩行动	尊老爱幼
光盘行动		

七月种子 美育化人	雷锋精神　我在行动	完成时间	完成情况

月思考	完成计划对我的意义	
	我是如何践行雷锋精神的	
	我对学校做出的贡献	

七月 种子花开——成长计划

劳育励志

种子选项

社会实践	爱岗敬业	大国工匠
厨房体验	顶岗实习	就业创业
职场体验	吃苦耐劳	

七月种子 劳育励志	雷锋精神　我在行动	完成时间	完成情况

月思考		
	完成计划对我的意义	
	我是如何践行雷锋精神的	
	我对学校做出的贡献	

雷锋日记 （1962 年 1 月 × 日）

学习愚公不怕困难，敢于斗争，敢于胜利的精神。

愚公能挖掉两座大山，我有恒心克服各种困难，学习好毛主席著作和军事技术，把自己锻炼成为一个又红又专的共产主义革命战士，更好地为人民服务，为人类的解放事业——共产主义而贡献自己的一切。

种子感悟

七月 种子优选——丰盛时刻

激情	承诺	责任	欣赏
在成长中我挖掘了______ ______ ______ 大学愿景	对于我的愿景，我设定了______ ______ ______ 成长目标	为了实现目标，我制定了______ ______ ______ 计划策略	对于实现目标，我整合了______ ______ ______ 潜在资源
付出	**信任**	**共赢**	**感召**
为了实现目标，我采取了______ ______ ______ 高效行动	为了实现目标，我针对了______ ______ ______ 有效授权	为了实现目标，我采用了______ ______ ______ 团队建设	为了实现目标，我与______ ______ ______ 积极沟通

优选沉思

达成自省

未达成自省

七月 雷锋精神种子质检报告

检验项目	检验依据	检验结果		
		优秀	良好	合格
“一颗钉”的学习精神	像雷锋那样“把党的理论当作粮食、武器、方向盘”，如饥似渴地学习			
	像雷锋那样用好“问题－学习－实践－反思”学习公式，做到学思用贯通，知信行合一			
“一团火”的助人精神	像雷锋那样“对待同志春天般的温暖”，帮助同学，服务班级			
	像雷锋那样“关心别人比关心自己为重”，融入真情为他人服务			
“一滴水”的团结精神	像雷锋那样“自己永远是大海中的一滴水”，服从团队，团结他人			
	像雷锋那样“只有把自己和集体事业融合在一起才有力量”，培养集体荣誉感			
“一分钱”的节约精神	像雷锋那样“要节约一分钱、一颗粮、一度电、一滴水”，养成环保节约习惯、共建绿色生态			
	像雷锋那样“对自己很节约，对他人很慷慨”，学会艰苦朴素，勤俭节约			
“一块砖”的敬业精神	像雷锋那样“革命战士一块砖，哪里需要哪里搬”，服从祖国需要，完成工作任务			
	像雷锋那样“干一行，爱一行，精一行，专一行”，立足本职工作，精益求精			
“一辈子”的奉献精神	像雷锋那样“只长着一个心眼，一心向着党”，做到爱自己的国家，爱自己的校园，爱自己的父母			
	像雷锋那样“把有限的生命投入到无限的为人民服务中去”，学会做好事，学会做小事			
检验结论：				
检验员：			**检验日期：**	

注：“优秀（85分及以上）”“良（70分～84分）”“合格（70分以下）”，检验成果由自己根据分数区间确定具体分数。

雷锋精神

德

智

体

美

劳

学习进行时

八月

焦裕禄同志是县委书记的榜样，也是全党的榜样。他虽然离开我们50年了，但他的事迹永远为人们传颂，他的精神同井冈山精神、延安精神、雷锋精神等革命传统和伟大精神一样，过去是、现在是、将来仍然是我们党的宝贵精神财富，我们要永远向他学习。

很多东西存在的时间虽然短暂，但这短暂铸就了永恒，焦裕禄精神是这样，井冈山精神、延安精神、雷锋精神等革命传统和伟大精神都是这样。

——习近平（2014年3月17日至18日，在调研指导兰考县党的群众路线教育实践活动时的重要讲话）

八月

种子培育——雷锋故事

可敬的“傻子”

天快暖了，连队里发放夏衣，每人两套单军装、两套衬衣、两双胶鞋。大家喜滋滋地到司务长处领来了衣服。轮到雷锋的时候，他却说：“我只要一套军装，一件衬衣和一双胶鞋就够了！”司务长奇怪地问道：“为什么只要一套？”他回答说，“我身上穿的军装，缝缝补补还可以穿，我觉得现在穿一套打补丁的衣服，比我小时穿的要好上千万倍呢！剩下的衣服交给国家吧！”

雷锋过惯了苦日子，对于物质即使浪费了一丁点儿都觉得心疼。他钉了一个木箱子，里面螺丝帽呀，铁丝条呀，牙膏皮呀，破手套呀，五花八门，应有尽有，他把这叫作“聚宝箱”。要是车上缺了个螺丝，坏了个零件，他都先到“聚宝箱”里找，能代用的就代用。要是擦车布实在烂得不能用了，他就从“聚宝箱”里找出破手套，洗干净了作擦车布。至于牙膏皮、铁丝条什么的，他积到一定数量就卖给废品收购站，得了钱全部交给公家。

他在日记上写道：“有些人说我是傻子，是不对的。我要做一个有利于人民、有利于国家的人。如果说这是傻子，那我甘心愿意做这样的傻子的，革命需要这样的傻子，建设也需要这样的傻子。”

八月

种子发芽——故事启发

穷则思变，要干，要革命。一张白纸，没有负担，好写最新最美的文字，好画最新最美的图画。

作为一名当代大学生，我们如何做到勤以修身，俭以养德？

第一步 积极思考，写出启发！

第二步 列出自己要勤俭节约的行动！

我的启发 1	
勤俭节约的行动 1	
我的启发 2	
勤俭节约的行动 2	
我的启发 3	
勤俭节约的行动 3	

八月 种子花开——成长计划

德育铸魂

种子选项

爱国主义	树立目标	社会服务
理想信念	班级荣誉	团结同学
寝室关系	红色足迹	感恩父母
时代楷模		

八月种子 德育铸魂	雷锋精神　我在行动	完成时间	完成情况

月思考		
月思考	完成行动对我的意义	
	我是如何践行雷锋精神的	
	我对学校做出的贡献	

八月 种子花开——成长计划

智育问道

种子选项

专业规划	学历提升	证书获取
技能提升	知识竞赛	论文发表

八月种子 智育问道	雷锋精神　我在行动	完成时间	完成情况

月思考		
月思考	完成计划对我的意义	
	我是如何践行雷锋精神的	
	我对学校做出的贡献	

八月 种子花开——成长计划

体育强身

种子选项

运动达人	健康饮食	规律作息
体育比赛		

八月种子 体育强身	雷锋精神　我在行动	完成时间	完成情况

月思考	完成计划对我的意义	
	我是如何践行雷锋精神的	
	我对学校做出的贡献	

八月 种子花开——成长计划

美育化人

种子选项

助人为乐	诚实守信	经典拜读
国艺熏陶	人际交往	榜样交流
志愿服务	感恩行动	尊老爱幼
光盘行动		

八月种子 美育化人	雷锋精神　我在行动	完成时间	完成情况

月思考		
	完成计划对我的意义	
	我是如何践行雷锋精神的	
	我对学校做出的贡献	

八月 种子花开——成长计划

劳育励志

种子选项

社会实践	爱岗敬业	大国工匠
厨房体验	顶岗实习	就业创业
职场体验	吃苦耐劳	

八月种子 劳育励志	雷锋精神　我在行动	完成时间	完成情况

月思考		
月思考	完成计划对我的意义	
	我是如何践行雷锋精神的	
	我对学校做出的贡献	

雷锋日记 （1962年5月8日）

今天部队发放了夏天的服装，本来每人发两套军服、两双胶鞋……

我想，当前国家正处在困难时期，再说，我们的国家还很穷。可是党和人民对我们却还这样无微不至地关怀，使我从内心感激党和人民的关怀。

为了和人民群众同甘共苦，减轻人民的负担，共同克服目前的困难，我只领了一套单军服，一双新胶鞋，其他用品也少领了。以前用过的东西，我都修补好了，继续使用。穿破了的衣服补好了再穿。我觉得就是现在穿一套打了补丁的旧衣服，也比我过去披的破烂衣服要好千万倍啊！

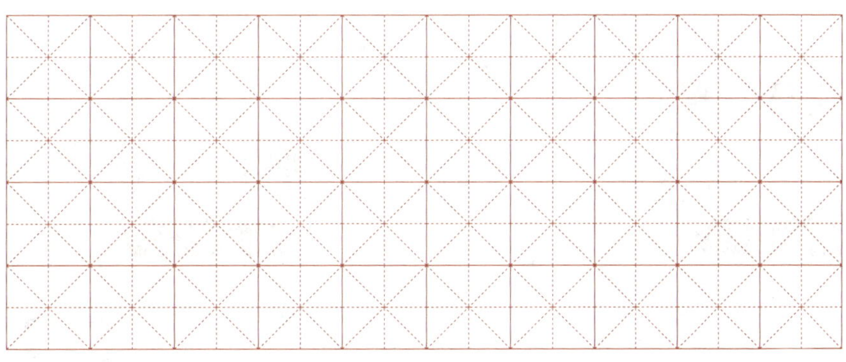

种子感悟

八月 种子优选——丰盛时刻

激情	承诺	责任	欣赏
在成长中我挖掘了______ ______ ______	对于我的愿景，我设定了______ ______ ______	为了实现目标，我制定了______ ______ ______	对于实现目标，我整合了______ ______ ______
大学愿景	成长目标	计划策略	潜在资源
付出	**信任**	**共赢**	**感召**
为了实现目标，我采取了______ ______ ______	为了实现目标，我针对了______ ______ ______	为了实现目标，我采用了______ ______ ______	为了实现目标，我与______ ______ ______
高效行动	有效授权	团队建设	积极沟通

优选沉思

达成自省

未达成自省

八月 雷锋精神种子质检报告

检验项目	检验依据	检验结果		
		优秀	良好	合格
“一颗钉”的学习精神	像雷锋那样“把党的理论当作粮食、武器、方向盘”，如饥似渴地学习			
	像雷锋那样用好“问题-学习-实践-反思”学习公式，做到学思用贯通，知信行合一			
“一团火”的助人精神	像雷锋那样“对待同志春天般的温暖”，帮助同学，服务班级			
	像雷锋那样“关心别人比关心自己为重”，融入真情为他人服务			
“一滴水”的团结精神	像雷锋那样“自己永远是大海中的一滴水”，服从团队，团结他人			
	像雷锋那样“只有把自己和集体事业融合在一起才有力量”，培养集体荣誉感			
“一分钱”的节约精神	像雷锋那样“要节约一分钱、一颗粮、一度电、一滴水”，养成环保节约习惯、共建绿色生态			
	像雷锋那样“对自己很节约，对他人很慷慨”，学会艰苦朴素，勤俭节约			
“一块砖”的敬业精神	像雷锋那样“革命战士一块砖，哪里需要哪里搬”，服从祖国需要，完成工作任务			
	像雷锋那样“干一行，爱一行，精一行，专一行”，立足本职工作，精益求精			
“一辈子”的奉献精神	像雷锋那样“只长着一个心眼，一心向着党”，做到爱自己的国家，爱自己的校园，爱自己的父母			
	像雷锋那样“把有限的生命投入到无限的为人民服务中去”，学会做好事，学会做小事			
检验结论：				
检验员：		检验日期：		

注：“优秀（85分及以上）”“良（70分～84分）”“合格（70分以下）”，检验成果由自己根据分数区间确定具体分数。

德
智
雷锋
精神
劳
体
美

学习进行时

九月

学校是开展学雷锋活动的重要依托，青少年是学习雷锋精神的重要群体。要把学雷锋活动与加强未成年人和大学生思想政治教育结合起来，让学雷锋活动在广大青少年中蔚然成风，让雷锋精神代代相传、发扬光大。希望上海能在这方面创造更多经验，为实现“中国梦”作贡献。

——习近平（2012 年 3 月 5 日，在十一届全国人大五次会议上海代表团的指示精神）

九月 种子培育——雷锋故事

照顾病友

高奎云同志调到我班的第三天就病了……我觉得自己有责任去关心他，体贴他，给予他温暖。一清早，我请卫生员给他看了病，并给他打开水吃药，打洗脸水，给他洗脸，做病号饭送给他吃，把自己的棉大衣给他盖在身上，安慰他好好休息。到澡堂洗澡的时候，我给他擦澡时主动关心体贴他，到澡堂去给他擦澡……在生活方面，我给予他适当的照顾。

他激动地对我说："班长，你对我太好了，人心都是肉长的，我再不好好干，也说不过去了。"第4天一早，他就主动地打豆子去了。我们吃早饭的时候，他打了一麻袋豆子背了回来。

九月 种子发芽——故事启发

百年修得同船渡，千年修得同寝住。小宿舍大舞台。寝室是大学生进行思想交流的最活跃场所，也是大学生人际关系的晴雨表。寝室是每一个学生离开父母的第二个家，也是每一个学生自己开始独立生活的第一个单元。寝室是每一个学生自己建立的第一家银行，寝室关系是自己在银行里的一张终身存折。寝室里的兄弟姐妹情怀，让人一辈子留恋。聚是一团火，散是满天星。

作为一个当代大学生，我们如何在大学期间建立寝室关系？

第一步 积极思考，写出启发！

第二步 列出自己要培养寝室关系的目标！

我的启发 1	
寝室关系培养 1	
我的启发 2	
寝室关系培养 2	
我的启发 3	
寝室关系培养 3	

九月 种子花开——成长计划

德育铸魂

种子选项

爱国主义	树立目标	社会服务
理想信念	班级荣誉	团结同学
寝室关系	红色足迹	感恩父母
时代楷模		

九月种子 德育铸魂	雷锋精神　我在行动	完成时间	完成情况

月思考		
	完成行动对我的意义	
	我是如何践行雷锋精神的	
	我对学校做出的贡献	

九月 种子花开——成长计划

智育问道

种子选项

专业规划	学历提升	证书获取
技能提升	知识竞赛	论文发表

九月种子 智育问道	雷锋精神　我在行动	完成时间	完成情况

月思考		
	完成计划对我的意义	
	我是如何践行雷锋精神的	
	我对学校做出的贡献	

九月 种子花开——成长计划

体育强身

种子选项

运动达人	健康饮食	规律作息
体育比赛		

九月种子 体育强身	雷锋精神　我在行动	完成时间	完成情况

月思考		
	完成计划对我的意义	
	我是如何践行雷锋精神的	
	我对学校做出的贡献	

九月

种子花开——成长计划

美育化人

种子选项

助人为乐	诚实守信	经典拜读
国艺熏陶	人际交往	榜样交流
志愿服务	感恩行动	尊老爱幼
光盘行动		

九月种子 美育化人	雷锋精神　我在行动	完成时间	完成情况

月思考		
月思考	完成计划对我的意义	
	我是如何践行雷锋精神的	
	我对学校做出的贡献	

九月 种子花开——成长计划

劳育励志

种子选项

社会实践	爱岗敬业	大国工匠
厨房体验	顶岗实习	就业创业
职场体验	吃苦耐劳	

九月种子 劳育励志	雷锋精神　我在行动	完成时间	完成情况

月思考		
	完成计划对我的意义	
	我是如何践行雷锋精神的	
	我对学校做出的贡献	

雷锋日记 （1961年3月）

什么是时代的美？战士那褪了色的补了补丁的黄金装是最美的，工人那一身油渍斑斑的蓝工装是最美的，农民那一双粗壮的、满是厚茧的手是最美的。劳动人民那被烈日晒得黝黑的脸是最美的，粗犷雄壮的劳动号子是最美的，为社会主义建设孜孜不倦地工作的人的灵魂是最美的。这一切构成了我们时代的美。如果谁认为这并不美，那他就不懂得我们的时代。

种子感悟

九月 种子优选——丰盛时刻

激情	承诺	责任	欣赏
在成长中我挖掘了________ ________ ________ 大学愿景	对于我的愿景，我设定了______ ________ ________ 成长目标	为了实现目标，我制定了______ ________ ________ 计划策略	对于实现目标，我整合了______ ________ ________ 潜在资源
付出	**信任**	**共赢**	**感召**
为了实现目标，我采取了______ ________ ________ 高效行动	为了实现目标，我针对了______ ________ ________ 有效授权	为了实现目标，我采用了______ ________ ________ 团队建设	为了实现目标，我与________ ________ ________ 积极沟通

优选沉思

达成自省

未达成自省

九月　雷锋精神种子质检报告

检验项目	检验依据	检验结果		
		优秀	良好	合格
“一颗钉”的学习精神	像雷锋那样“把党的理论当作粮食、武器、方向盘”，如饥似渴地学习			
	像雷锋那样用好“问题－学习－实践－反思”学习公式，做到学思用贯通，知信行合一			
“一团火”的助人精神	像雷锋那样“对待同志春天般的温暖”，帮助同学，服务班级			
	像雷锋那样“关心别人比关心自己为重”，融入真情为他人服务			
“一滴水”的团结精神	像雷锋那样“自己永远是大海中的一滴水”，服从团队，团结他人			
	像雷锋那样“只有把自己和集体事业融合在一起才有力量”，培养集体荣誉感			
“一分钱”的节约精神	像雷锋那样“要节约一分钱、一颗粮、一度电、一滴水”，养成环保节约习惯、共建绿色生态			
	像雷锋那样“对自己很节约，对他人很慷慨”，学会艰苦朴素，勤俭节约			
“一块砖”的敬业精神	像雷锋那样“革命战士一块砖，哪里需要哪里搬”，服从祖国需要，完成工作任务			
	像雷锋那样“干一行，爱一行，精一行，专一行”，立足本职工作，精益求精			
“一辈子”的奉献精神	像雷锋那样“只长着一个心眼，一心向着党”，做到爱自己的国家，爱自己的校园，爱自己的父母			
	像雷锋那样“把有限的生命投入到无限的为人民服务中去”，学会做好事，学会做小事			
检验结论：				
检验员：		**检验日期：**		

注：“优秀（85分及以上）”“良（70分～84分）”“合格（70分以下）”，检验成果由自己根据分数区间确定具体分数。

德
智
雷锋
精神
劳
体
美

学习进行时

十月

继续发扬保持连队的光荣传统，把雷锋精神弘扬好。

——习近平（2015 年 3 月 12 日，接见出席十二届全国人大三次会议解放军代表团全体会议部分基层代表时，与鼓浪屿好八连连长的谈话）

十月 种子培育——雷锋故事

干劲永不败

一个星期天的上午，雷锋来到团部卫生连，医生告诉他："你是夜间着凉了，回去好好休息一下就会好的。"

雷锋从卫生连出来，不时用手捂着阵阵作疼的腹部。走过一个建筑工地的时候，看见工人们正在热火朝天地开展劳动竞赛，有的推车，有的挑担，来来往往，好不热闹。雷锋被这热气腾腾的劳动场面吸引住了。情不自禁地把衣袖一挽，也顾不得肚子疼了，上前推起一辆空车加入了运砖的行列。

当雷锋得知这是正在修建一所小学校，为了不影响孩子们按时上学，工人们才昼夜加班地干时，浑身的干劲越来越足。他一鼓作气不知推了多少车，背心、衬衣全被汗水浸透了，也不歇口气。

雷锋推完最后一车砖，放下车，还没有走出工地就被一群热情的工人围了起来。建筑工区的团支部书记上前拉住雷锋的手说："解放军同志，这一上午你给我们带来的鼓舞可不小啊！"

雷锋谦虚地摇摇头："可别这么说，我们人人都是为社会主义建设添砖加瓦，我和大家一样，只是尽了自己应尽的一点义务，也算是'有一份热发一份光'吧！"

种子发芽——故事启发

自己动手，丰衣足食。

作为一名当代大学生，我们如何在大学期间培养自己的动手能力？

第一步 积极思考，写出启发！

第二步 列出自己要培养动手能力的目标！

我的启发 1	
动手能力培养 1	
我的启发 2	
动手能力培养 2	
我的启发 3	
动手能力培养 3	

十月 种子花开——成长计划

德育铸魂

种子选项

爱国主义	树立目标	社会服务
理想信念	班级荣誉	团结同学
寝室关系	红色足迹	感恩父母
时代楷模		

十月种子 德育铸魂	雷锋精神　我在行动	完成时间	完成情况

月思考	完成行动对我的意义	
	我是如何践行雷锋精神的	
	我对学校做出的贡献	

十月

种子花开——成长计划

智育问道

种子选项

专业规划	学历提升	证书获取
技能提升	知识竞赛	论文发表

十月种子 智育问道	雷锋精神　我在行动	完成时间	完成情况

月思考	完成计划对我的意义	
	我是如何践行雷锋精神的	
	我对学校做出的贡献	

十月 种子花开——成长计划

体育强身

种子选项

运动达人	健康饮食	规律作息
体育比赛		

十月种子 体育强身	雷锋精神　我在行动	完成时间	完成情况

月思考	完成计划对我的意义	
	我是如何践行雷锋精神的	
	我对学校做出的贡献	

十月

种子花开——成长计划

美育化人

种子选项

助人为乐	诚实守信	经典拜读
国艺熏陶	人际交往	榜样交流
志愿服务	感恩行动	尊老爱幼
光盘行动		

十月种子 美育化人	雷锋精神　我在行动	完成时间	完成情况

月思考	完成计划对我的意义	
	我是如何践行雷锋精神的	
	我对学校做出的贡献	

十月 种子花开——成长计划

劳育励志

种子选项

社会实践	爱岗敬业	大国工匠
厨房体验	顶岗实习	就业创业
职场体验	吃苦耐劳	

十月种子 劳育励志	雷锋精神　我在行动	完成时间	完成情况

月思考	完成计划对我的意义	
	我是如何践行雷锋精神的	
	我对学校做出的贡献	

雷锋日记 （1962年4月17日）

一个人的作用，对于革命事业来说，就如一架机器上的一颗螺丝钉。机器由于有许许多多的螺丝钉的连接和固定，才成了一个坚实的整体，才能够运转自如，发挥它巨大的工作能力，螺丝钉虽小，其作用是不可估量的。我愿永远做一颗螺丝钉。

螺丝钉要经常保养和清洗，才不会生锈。人的思想也是这样，要经常检查，才不会出毛病。我要不断地加强学习，提高自己的思想觉悟，坚决听党和毛主席的话，经常开展批评与自我批评，随时清除思想上的毛病，在伟大的革命事业中做一个永不生锈的螺丝钉。

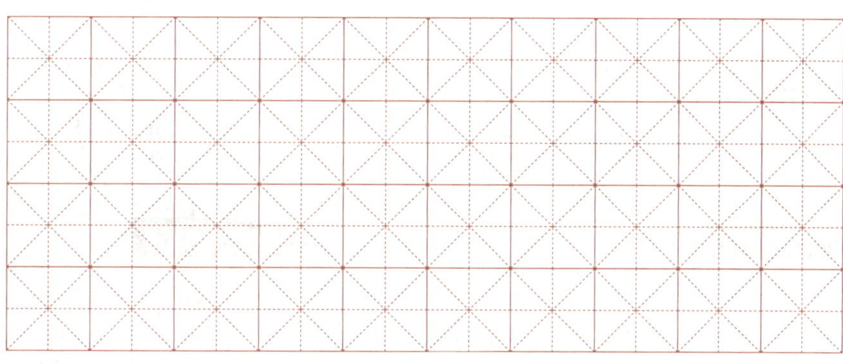

种子感悟

十月 种子优选——丰盛时刻

激情	承诺	责任	欣赏
在成长中我挖掘了______ ______ ______ 大学愿景	对于我的愿景，我设定了______ ______ ______ 成长目标	为了实现目标，我制定了______ ______ ______ 计划策略	对于实现目标，我整合了______ ______ ______ 潜在资源
付出	**信任**	**共赢**	**感召**
为了实现目标，我采取了______ ______ ______ 高效行动	为了实现目标，我针对了______ ______ ______ 有效授权	为了实现目标，我采用了______ ______ ______ 团队建设	为了实现目标，我与______ ______ ______ 积极沟通

优选沉思

达成自省

未达成自省

十月 雷锋精神种子质检报告

<table>
<tr><th rowspan="2">检验项目</th><th rowspan="2">检验依据</th><th colspan="3">检验结果</th></tr>
<tr><th>优秀</th><th>良好</th><th>合格</th></tr>
<tr><td rowspan="2">“一颗钉”的学习精神</td><td>像雷锋那样“把党的理论当作粮食、武器、方向盘”，如饥似渴地学习</td><td></td><td></td><td></td></tr>
<tr><td>像雷锋那样用好“问题-学习-实践-反思”学习公式，做到学思用贯通，知信行合一</td><td></td><td></td><td></td></tr>
<tr><td rowspan="2">“一团火”的助人精神</td><td>像雷锋那样“对待同志春天般的温暖”，帮助同学，服务班级</td><td></td><td></td><td></td></tr>
<tr><td>像雷锋那样“关心别人比关心自己为重”，融入真情为他人服务</td><td></td><td></td><td></td></tr>
<tr><td rowspan="2">“一滴水”的团结精神</td><td>像雷锋那样“自己永远是大海中的一滴水”，服从团队，团结他人</td><td></td><td></td><td></td></tr>
<tr><td>像雷锋那样“只有把自己和集体事业融合在一起才有力量”，培养集体荣誉感</td><td></td><td></td><td></td></tr>
<tr><td rowspan="2">“一分钱”的节约精神</td><td>像雷锋那样“要节约一分钱、一颗粮、一度电、一滴水”，养成环保节约习惯、共建绿色生态</td><td></td><td></td><td></td></tr>
<tr><td>像雷锋那样“对自己很节约，对他人很慷慨”，学会艰苦朴素，勤俭节约</td><td></td><td></td><td></td></tr>
<tr><td rowspan="2">“一块砖”的敬业精神</td><td>像雷锋那样“革命战士一块砖，哪里需要哪里搬”，服从祖国需要，完成工作任务</td><td></td><td></td><td></td></tr>
<tr><td>像雷锋那样“干一行，爱一行，精一行，专一行”，立足本职工作，精益求精</td><td></td><td></td><td></td></tr>
<tr><td rowspan="2">“一辈子”的奉献精神</td><td>像雷锋那样“只长着一个心眼，一心向着党”，做到爱自己的国家，爱自己的校园，爱自己的父母</td><td></td><td></td><td></td></tr>
<tr><td>像雷锋那样“把有限的生命投入到无限的为人民服务中去”，学会做好事，学会做小事</td><td></td><td></td><td></td></tr>
<tr><td colspan="5">检验结论：</td></tr>
<tr><td colspan="2">检验员：</td><td colspan="3">检验日期：</td></tr>
</table>

注：“优秀（85分及以上）”“良（70分~84分）”“合格（70分以下）”，检验成果由自己根据分数区间确定具体分数。

德
智
雷锋
精神
劳
体
美

学习进行时

十一月

公共文化设施开展学雷锋志愿服务，要以培育和践行社会主义核心价值观，满足人民群众日益增长的精神文化需求为出发点，以公共图书馆、文化馆、美术馆、科技馆和革命纪念馆为平台，稳步推进公共文化设施志愿服务站点建设，广泛吸引志愿者参与文化志愿服务，发展壮大学雷锋志愿服务队伍，加强志愿服务保障和支持。

——习近平（2016 年 8 月 30 日，在中央全面深化改革领导小组第二十七次会议审议通过《关于公共文化设施开展学雷锋志愿服务的实施意见》会议上的讲话）

十一月
种子培育——雷锋故事

发“愤”图强

雷锋入党以后，国内国际的严峻情况，考验着这个年轻的共产党员。

为了使干部战士认清形势，提高政治思想觉悟，党支部决定把雷锋的东西收集一下，搞一个小小的展览，进行一次思想教育。附近几个连队的干部战士来看过，附近几所小学的孩子们也来看过。

不久，北京军事博物馆有个同志，专程来收集雷锋的这些物品和他读过的书籍。看了这个小小的展览深受感动。他手捧着雷锋那双补了又补的袜子，说：“让更多的人看看雷锋同志的这双袜子，我相信在新的形势下，它一定会引起人们的深思……”

团领导陪同博物馆的同志收集雷锋的这些物品时，顺便看了一下连队办的黑板报（雷锋是连队俱乐部的墙报委员）。在连部门前的一块黑板报上，他发现雷锋写的一篇稿子，标题“发奋图强”是用彩色粉笔写的，很是醒目。

刚刚看过雷锋的那双袜子，再看看这篇稿子的标题，雷锋有意把“奋”字写成了“愤”字，团领导感触很深，于是把雷锋叫到身边，指着他写的稿子问到：

“报纸上天天登‘发奋图强’四个字，你为什么要写成发‘愤’图强呢？”雷锋沉思着说：“我觉得这个‘愤’字更有力量，更能表达我的思想……”

十一月

种子发芽——故事启发

自力更生，艰苦奋斗。

作为一名当代大学生，我们如何在大学期间培养自己的“愤”斗精神？

第一步 积极思考，写出启发！

第二步 列出自己要培养“愤”斗精神的目标！

我的启发 1	
“愤”斗精神培养 1	
我的启发 2	
“愤”斗精神培养 2	
我的启发 3	
“愤”斗精神培养 3	

十一月

种子花开——成长计划

德育铸魂

种子选项

爱国主义	树立目标	社会服务
理想信念	班级荣誉	团结同学
寝室关系	红色足迹	感恩父母
时代楷模		

十一月种子 德育铸魂	雷锋精神　我在行动	完成时间	完成情况

月思考	完成行动对我的意义	
	我是如何践行雷锋精神的	
	我对学校做出的贡献	

十一月

种子花开——成长计划

智育问道

种子选项

专业规划	学历提升	证书获取
技能提升	知识竞赛	论文发表

十一月种子 智育问道	雷锋精神　我在行动	完成时间	完成情况

月思考		
	完成计划对我的意义	
	我是如何践行雷锋精神的	
	我对学校做出的贡献	

十一月

种子花开——成长计划

体育强身

种子选项

运动达人	健康饮食	规律作息
体育比赛		

十一月种子 体育强身	雷锋精神　我在行动	完成时间	完成情况

月思考		
	完成计划对我的意义	
	我是如何践行雷锋精神的	
	我对学校做出的贡献	

十一月

种子花开——成长计划

美育化人

种子选项

助人为乐	诚实守信	经典拜读
国艺熏陶	人际交往	榜样交流
志愿服务	感恩行动	尊老爱幼
光盘行动		

十一月种子 美育化人	雷锋精神　我在行动	完成时间	完成情况

月思考	完成计划对我的意义	
	我是如何践行雷锋精神的	
	我对学校做出的贡献	

十一月 种子花开——成长计划

劳育励志

种子选项

社会实践	爱岗敬业	大国工匠
厨房体验	顶岗实习	就业创业
职场体验	吃苦耐劳	

十一月种子劳育励志	雷锋精神　我在行动	完成时间	完成情况

月思考		
	完成计划对我的意义	
	我是如何践行雷锋精神的	
	我对学校做出的贡献	

雷锋日记 （1960 年 10 月 21 日）

我要牢牢记住这段名言：

“对待同志要像春天般的温暖，对待工作要像夏天一样的火热，对待个人主义要像秋风扫落叶一样，对待敌人要像严冬一样残酷无情。”

种子感悟

十一月 种子优选——丰盛时刻

激情	承诺	责任	欣赏
在成长中我挖掘了________________________	对于我的愿景，我设定了________________________	为了实现目标，我制定了________________________	对于实现目标，我整合了________________________
大学愿景	成长目标	计划策略	潜在资源
付出	**信任**	**共赢**	**感召**
为了实现目标，我采取了________________________	为了实现目标，我针对了________________________	为了实现目标，我采用了________________________	为了实现目标，我与________________________
高效行动	有效授权	团队建设	积极沟通

优选沉思

达成自省

未达成自省

十一月 雷锋精神种子质检报告

检验项目	检验依据	检验结果		
		优秀	良好	合格
“一颗钉”的学习精神	像雷锋那样“把党的理论当作粮食、武器、方向盘”，如饥似渴地学习			
	像雷锋那样用好“问题–学习–实践–反思”学习公式，做到学思用贯通，知信行合一			
“一团火”的助人精神	像雷锋那样“对待同志春天般的温暖”，帮助同学，服务班级			
	像雷锋那样“关心别人比关心自己为重”，融入真情为他人服务			
“一滴水”的团结精神	像雷锋那样“自己永远是大海中的一滴水”，服从团队，团结他人			
	像雷锋那样“只有把自己和集体事业融合在一起才有力量”，培养集体荣誉感			
“一分钱”的节约精神	像雷锋那样“要节约一分钱、一颗粮、一度电、一滴水”，养成环保节约习惯、共建绿色生态			
	像雷锋那样“对自己很节约，对他人很慷慨”，学会艰苦朴素，勤俭节约			
“一块砖”的敬业精神	像雷锋那样“革命战士一块砖，哪里需要哪里搬”，服从祖国需要，完成工作任务			
	像雷锋那样“干一行，爱一行，精一行，专一行”，立足本职工作，精益求精			
“一辈子”的奉献精神	像雷锋那样“只长着一个心眼，一心向着党”，做到爱自己的国家，爱自己的校园，爱自己的父母			
	像雷锋那样“把有限的生命投入到无限的为人民服务中去”，学会做好事，学会做小事			
检验结论：				
检验员：		检验日期：		

注：“优秀（85分及以上）”“良（70分～84分）”“合格（70分以下）”，检验成果由自己根据分数区间确定具体分数。

德 智

雷锋精神

劳 体

美

学习进行时

十二月

希望广大志愿者、志愿服务组织、志愿服务工作者立足新时代、展现新作为，弘扬奉献、友爱、互助、进步的志愿精神，继续以实际行动书写新时代的雷锋故事。

——习近平（2019 年 7 月 24 日，在中国志愿服务联合会第二届会员代表大会召开之际，习近平总书记发来的贺信中指出）

十二月 种子培育——雷锋故事

“钉子”精神

雷锋同志在学习上十分勤奋、刻苦，当他听到有的同志说：工作这样忙，实在没有时间学习。他根据自己的学习体会，在日记写下这样一段话：

有些人说工作忙，没有时间学习。我认为问题不在于工作忙，而在于你愿不愿意学习，会不会挤时间。要学习的时间是有的，问题是我们善不善于挤，愿不愿意钻。一块好好的木板，上面一个眼也没有，但钉子为什么能钉进去呢？这就是靠压力硬挤进去的，硬钻进去的。

由此看来，钉子有两个长处：一个是挤劲，一个是钻劲。我们在学习上也要提倡这种“钉子”精神，善于挤和善于钻。

同志们十分称赞雷锋这种“钉子”精神，正是他的这种“钉子”精神，促进了全连战士在繁忙的工作中坚持学习马列主义、毛泽东思想，树立全心全意为人民服务的人生观。

十二月

种子发芽——故事启发

如果你吃不了学习上的苦，那么将来一定会吃生活上的苦。在大学里，是以你为圆心，以你的能力为半径拼命地画圆，你的能力有多大，你的圆就有多大。把努力变成一种习惯。

作为一名当代大学生，我们如何在大学期间培养自己的挤劲和钻劲。

第一步 积极思考，写出启发！

第二步 列出自己要培养挤劲和钻劲的目标！

我的启发 1	
挤劲和钻劲培养 1	
我的启发 2	
挤劲和钻劲培养 2	
我的启发 3	
挤劲和钻劲培养 3	

十二月 种子花开——成长计划

德育铸魂

种子选项

爱国主义	树立目标	社会服务
理想信念	班级荣誉	团结同学
寝室关系	红色足迹	感恩父母
时代楷模		

十二月种子 德育铸魂	雷锋精神　我在行动	完成时间	完成情况

月思考	完成行动对我的意义	
	我是如何践行雷锋精神的	
	我对学校做出的贡献	

十二月 种子花开——成长计划

智育问道

种子选项

专业规划	学历提升	证书获取
技能提升	知识竞赛	论文发表

十二月种子 智育问道	雷锋精神　我在行动	完成时间	完成情况

月思考		
月思考	完成计划对我的意义	
	我是如何践行雷锋精神的	
	我对学校做出的贡献	

十二月 种子花开——成长计划

体育强身

种子选项

运动达人	健康饮食	规律作息
体育比赛		

十二月种子 体育强身	雷锋精神　我在行动	完成时间	完成情况

月思考		
	完成计划对我的意义	
	我是如何践行雷锋精神的	
	我对学校做出的贡献	

十二月 种子花开——成长计划

美育化人

种子选项

助人为乐	诚实守信	经典拜读
国艺熏陶	人际交往	榜样交流
志愿服务	感恩行动	尊老爱幼
光盘行动		

十二月种子 美育化人	雷锋精神　我在行动	完成时间	完成情况

月思考		
	完成计划对我的意义	
	我是如何践行雷锋精神的	
	我对学校做出的贡献	

十二月 种子花开——成长计划

劳育励志

种子选项

社会实践	爱岗敬业	大国工匠
厨房体验	顶岗实习	就业创业
职场体验	吃苦耐劳	

十二月种子 劳育励志	雷锋精神　我在行动	完成时间	完成情况

月思考		
	完成计划对我的意义	
	我是如何践行雷锋精神的	
	我对学校做出的贡献	

雷锋日记 （1961年10月20日）

人的生命是有限的，可是，为人民服务是无限的，我要把有限的生命，投入到无限的为人民服务之中去……

种子感悟

十二月 种子优选——丰盛时刻

激情	承诺	责任	欣赏
在成长中我挖掘了______ ______ ______ 大学愿景	对于我的愿景，我设定了______ ______ ______ 成长目标	为了实现目标，我制定了______ ______ ______ 计划策略	对于实现目标，我整合了______ ______ ______ 潜在资源
付出	**信任**	**共赢**	**感召**
为了实现目标，我采取了______ ______ ______ 高效行动	为了实现目标，我针对了______ ______ ______ 有效授权	为了实现目标，我采用了______ ______ ______ 团队建设	为了实现目标，我与______ ______ ______ 积极沟通

优选沉思

达成自省

未达成自省

十二月 雷锋精神种子质检报告

检验项目	检验依据	检验结果		
		优秀	良好	合格
“一颗钉”的学习精神	像雷锋那样“把党的理论当作粮食、武器、方向盘”，如饥似渴地学习			
	像雷锋那样用好“问题－学习－实践－反思”学习公式，做到学思用贯通，知信行合一			
“一团火”的助人精神	像雷锋那样“对待同志春天般的温暖”，帮助同学，服务班级			
	像雷锋那样“关心别人比关心自己为重”，融入真情为他人服务			
“一滴水”的团结精神	像雷锋那样“自己永远是大海中的一滴水”，服从团队，团结他人			
	像雷锋那样“只有把自己和集体事业融合在一起才有力量”，培养集体荣誉感			
“一分钱”的节约精神	像雷锋那样“要节约一分钱、一颗粮、一度电、一滴水”，养成环保节约习惯、共建绿色生态			
	像雷锋那样“对自己很节约，对他人很慷慨”，学会艰苦朴素，勤俭节约			
“一块砖”的敬业精神	像雷锋那样“革命战士一块砖，哪里需要哪里搬”，服从祖国需要，完成工作任务			
	像雷锋那样“干一行，爱一行，精一行，专一行”，立足本职工作，精益求精			
“一辈子”的奉献精神	像雷锋那样“只长着一个心眼，一心向着党”，做到爱自己的国家，爱自己的校园，爱自己的父母			
	像雷锋那样“把有限的生命投入到无限的为人民服务中去”，学会做好事，学会做小事			
检验结论：				
检验员：		检验日期：		

注：“优秀（85分及以上）”“良（70分～84分）”“合格（70分以下）”，检验成果由自己根据分数区间确定具体分数。

雷锋精神种子年度质检报告

检验项目	检验依据	检验成果 *
总计：		
检验员：		检验日期：

* 检验成果为12个月每个项目所得分数之和的平均分，总计分数为所有检验成果分数之和的平均分。

我的成长案例

在这一年的学习过程中，总有一次活动，让你感触颇深；总一件事情，让你难以忘怀；总有一份经历，让你成长进步。你的成长历程，就是他人的宝贵经验。最后，就请你围绕一件事或一个人、一项活动，分享自己的成长案例，让我们共同见证你的进步和成绩。

一、案例简介

____

____

____

____

____

二、案例分析

____

____

____

____

____

三、获得的思路及经验

____

____

____

____

____

我的成长总结

经过12个月的努力和学习，你在内心早已深植下一颗雷锋精神种子，这颗种子激励着你在德智体美劳五个方面不断进步，让你成长为一名合格的社会主义建设者和接班人。那么，接下来，就让我们一起回顾这一年的学习时光，系统总结自己的学习成果，深刻分析自己存在的问题和缺点，研究制定下一步的学习目标和计划。

一、学习完成情况

二、存在问题和不足

三、下一步学习目标和计划